ポジティブ心理学が1冊でわかる本

Positive Psychology in a Nutshell
The science of happiness

イローナ・ボニウェル［著］　成瀬まゆみ［監訳］

国書刊行会

日本版監訳者まえがき

成瀬まゆみ

「ポジティブ心理学？　あぁ、あの何でもポジティブに考えようっていう、あれでしょ？」

そうおっしゃる方が、まだまだ多いようです。ポジティブ心理学は、一般的に広まっているポジティブ・シンキングと混同されることがよくあります。確かにポジティブ心理学は、ポジティブ・シンキングのプラス面を肯定しますが、その2つはまったくの別物です。

ポジティブ心理学とは、一言で言うと、従来の多くの心理学がウツなどの病理を研究対象にしているのに対して、「人生を真に充実したものにするのは何か」という問いのもとに、幸福や強みなどのポジティブな要素を研究し、私たちの暮らしに実際に役立つものを提供してくれる心理学です。

マーティン・セリグマンが1998年に提唱。今では多くの学者がその流れを作っています。フローの研究のミハイ・チクセントミハイ、幸福研究の第一人者エド・ディナー、持続可能な幸福をひもとくソニア・リュボミアスキー、成功と幸福の関係を探るショーン・エイカー、ポジティブ心理学の権威クリストファー・ピーターソン、ポジティブ感情の専門家バーバラ・フレドリクソン、「勇気」の研究家ロバート・ビスワス＝ディナー、ハーバード大学で最大の学生を集め、メディアでも広くとりあげられたタル・ベン・シャハーなど、多くの優秀な研究者が、ポジティブ心理学という傘の下で、様々な研究成果をあげてきています。

その中で、この本の著者イローナ・ボニウェルは欧州でのポジティブ心理学の第一人者。ポジティブ心理学欧州ネットワーク（ENPP）を創設し、国連の依頼を受けてGNH（国民総幸福）で有名なブータン王国の政策を他の先進国へ応用するプロジェクトに関わっています。そして本書『ポジティブ心理学が1冊でわかる本』をはじめ、多くのポジティブ心理学関連のベストセラーを生み出している、まさにこの分野を牽引する心理学者の1人です。

ポジティブ心理学の研究範囲は多岐にわたっています。幸福、強み、感情、楽観性、モチベーション、創造性、リーダーシップ、選択、時間、エイジング、逆境からの立ち直り、そして愛、結婚など。そしてその応用範囲も広く、人間関係、教育、医療、ビジネスの現場でも、大いに役に立ち、多くのコーチングや組織開発、セラピーでも広く取り入れられています。

ポジティブ心理学はたくさんの役立つ結論を研究結果によって導き出しています。

日本版監訳者まえがき

たとえば……

――「快楽」だけでは、人は真の幸せにたどりつかない。

――自らの力で幸福度はあげることができる。

――楽観主義者のほうが病気になりにくい。

――宝くじがあたっても、1年後には幸福度は元に戻ってしまう。

――幸せな隠者はいない。人が幸福に生きるためには、人間関係の充実が大切。

――ポジティブ感情は創造性を高めてくれる。

――つらい感情もありのままに認めることが心の健康につながる。

――選択肢が多くなりすぎると、人はかえって苦悩する、など。

特にポジティブ心理学でのコペルニクス的大発見だと思われるのは、「成功するから幸せになるのではない。幸せだから成功するのだ」というものです。

私たちは、「いい学校に入ったら幸せになれる」「出世して給料があがれば幸せになれる」「いい人と結婚すれば幸せになれる」と、いつも幸せを先送りしてきました。しかし、ポジティブ心理学は、今、ここで幸せになれる、そして、その幸せがさらなる幸運を連れてくるということを、データで証明してくれています。たとえば、大学入学時の幸福度の差が、就職してから10～15年ほど経た年収に100万円近くの差を生むことがアメリカのミルズ大学での調査で判明しました。

年収だけではありません。その人の持っている幸福感は、寿命にまで影響します。ノートルダム修道院の修道女180人への調査では、その人の感じている幸福度が平均寿命に大きな差をつけることがわかりました。修道院に入る際（22歳時）の文章に、感謝や愛、希望の表現を多く使っていたグループ群の85歳までの生存率は90％、そうでないグループの生存率は34％だったというのです。

そしてポジティブ心理学の重大な結論のもう1つに、「他者に貢献することは自己の幸せにつながる」というものがあります。実験で「自由にお金をつかっていい」と一定の金額を渡された学生たち。自分の喜びのために使った学生たちより、他者を喜ばすことにお金を使った学生たちの幸福度があがったというのです。

また心的外傷後成長（ＰＴＧ）というのも、ポジティブ心理学が提唱する新しい概念でしょう。その概念は、トラウマとなりえる悲惨な出来事を、私たちは乗り越えて、大きな人格的変容を遂げることができることを明確に指し示してくれました。日々のサポートだけではなく、困難時にも、ポジティブ心理学は私たちを下支えしてくれるのです。

「笑う門には福来る」。「情けは人のためならず」。「艱難汝を玉にす」。

ことわざで言い伝えられてきたことを、ポジティブ心理学はデータで示してくれます。

それと同時に、幸福に関する私たちのまちがった思い込みを打ち砕いてもくれます。「幸福」「愛」「強み」といったちょっとテーマにするには照れてしまう概念を、ポジティブ心理学は真っ向から扱います。「もっと、もっと」の時代から、「今、ここで、満たされる」時代に移行してきている現代にぴったりの学問ではないでしょうか。

私個人としても、ポジティブ心理学の提唱する幸福の概念を知ることで、とても解放され、日々の幸福度が確実にあがりました。まず、今ここで幸せを感じる（そのための方法も本書で紹介されています）、そして、その幸せを外に広げていく。そこから始まることを、ポジティブ心理学は明確に提唱しています。

本書はタイトルどおり、そんなポジティブ心理学の概要が1冊でわかるようになっています。それと同時に、決してポジティブ心理学を礼賛するだけの本でもありません。今の時点でのポジティブ心理学の限界と課題も冷静に述べてくれています。

もし、ポジティブ心理学の全体像をまず把握したいとお思いなら、私は迷いなくこの本をおすすめします。そして学問的興味だけではなく、自分の生活を、人生を、確かな理論に基づいて、真に豊かにしていきたいと思う方にも最適です。ぜひ最新の理論で、日々の幸福度と人生の充実度を、今日から、今ここからあげていってください。

ポジティブ心理学が1冊でわかる本　目次

第6章　ユーダイモニックな幸福　幸福は必要条件なのか？　十分条件なのか？　113

第15章 ポジティブ心理学の未来 315

ポジティブ心理学が1冊でわかる本

私がこの本を書いた理由

ヨーロッパのポジティブ心理学ネットワークの創設者であり、ヨーロッパ初の応用ポジティブ心理学修士課程のリーダー的存在であるとして、私はよくこの分野での入門的な講義やワークショップの開催を依頼されます。

私はこれまで大学生、大学院生、経営者、医療関係者、教育者、そして一般市民を対象に講演を行ってきました。聴衆はいつも話の内容に大いなる関心を寄せてくれて、「もっと理解を深めるためにはどうしたらいいですか?」と聞いてくれます。

この時点でたいてい私が取り出して見せる本は、709ページもある『ポジティブ心理学オックスフォードハンドブック』です。そうすると、会場には沈黙が流れたあと、あきらめをおびた笑い声が聞こえてきます。

次に私が取り出すのは、598ページある『ポジティブ心理学の実践(強みの研究)』です。

確かに、この本を見せると、聴衆の反応は改善されますが、まだまだ十分とは言えません。

最後に、ケイト・ヘフロンと私が書いた270ページの『ポジティブ心理学(理論、研究結果とその応用)』を紹介すると、聴衆の3分の1が、ようやく安堵のため息を漏らします。しかし、残りの3分の2の人たちにとっては、心理学を専攻する学生向けに書かれたそのテキストは、情報があふれている今の時代において、まだまだ読もうという気にならないものでしょう。

これこそが、今、みなさんが手にしている本が生まれた理由です。

本書は、心理学者とかぎらない一般の知的な読者のために、**ポジティブ心理学を簡潔かつ包括的に解説する本**です。

「ヒントとツール」という項目を載せていますが、本書は自己啓発の本ではありません。ポジティブ心理学とは何であり、何がそうでないのか、ポジティブ心理学の強みや弱みは何であるのかという、バランスの取れた情報を提供することを目的にしています。

そしてこの分野における多くの成功や発見だけでなく、それについての反論も取り上げました。

本書の内容の大部分は、書籍や学術論文を読んだり、会議に出席したり、一流の学者たちと話をしたり、調査を行ったりした経験に基づいています。また、友人や同僚との議論、学生や一般の聴衆から挙げられた質問もヒントにしました。

調査結果を、概念的思考や常識と融合させようという本書の試みが成功し、ポジティブ心理学に統合的な明るい展望が生まれることを切に願っています。

第3版の刊行にあたって

本書の初版が刊行されてから6年、第2版の出版からは4年近くが経過しました。ポジティブ心理学の世界はますます大きな広がりを見せています。2012年にはアメリカ、ヨーロッパ、イギリスの大学で数百もの講義が行われ、ハーバード大学ではポジティブ心理学が最も人気の授業となり、学期ごとに1000人もの学生が集まりました。

また、ポジティブ心理学の理解と実践をさらに一歩進めたいと願う学生のために、ペンシルベニア大学とイーストロンドン大学では、応用ポジティブ心理学の修士課程を開設しています。そしてその修士課程を無事に終えた人たちは、他の国々でこの心理学の発展に携わっています。

現在のポジティブ心理学は、もはや発祥の地フィラデルフィアを本拠とするだけにとどまらず、新しく創設された国際ポジティブ心理学会を中心に、世界中の心理学者や実践者と連携を取り合い、発展し続けています。

本書の初版と第2版が、非常に好評を博したことは、私にとってはうれしい驚きでした。

第３版の刊行にあたって

イギリス版アマゾンでは長年、ポジティブ心理学の書籍の中で売り上げ1位を誇っていますし、現在多くの講義でも使用され、たくさんの学生や専門家、そして時には心理学を専門としない人々からも好意的な感想が寄せられています。会ったこともない人たちが会議やイベントの場で私に近づいてきて、「楽しく読ませてもらいました」と伝えてくれるのです。イギリス議会のある報告書の中で言及されたこともあります。

再版が必要な時期にさしかかると、第2版には補うべき多数の要素があることがわかりました。

今日、ポジティブ心理学について語る際に、マインドセット（考え方）やレジリエンス（回復力）の研究に言及しないことは事実上、不可能です。またお金と幸福の関係、ユーダイモニックな幸福感、バランスの取れた時間的視野についても、さらに多くのことがわかってきました。ポジティブ心理学についての出版物やインターネットリソースが爆発的に増える状況を反映し、巻末の参考資料のセクションも大幅に拡大してあります。

ぜひこの本で、ポジティブ心理学について知り、日常生活の中で活用してみてください。

各章扉の英文タイトルは原文に基づく表記です。和文タイトルは本文の内容に即して一部表現を改めています。

ポジティブ心理学とは何か?

What is Positive Psychology?

1

「ポジティブ心理学」という言葉を、最近はテレビやラジオで耳にし、ファッション雑誌でも目にしたことがあるかもしれません。しかし実際のところ、ポジティブ心理学とは何なのでしょうか。いったいどういったものなのでしょうか。

ポジティブ心理学とは、**「人間の生活におけるポジティブな側面、つまり、幸福やウェルビーイング（よい生き方、心身ともに健康な生き方）、繁栄について研究する学問」**です。創始者マーティン・セリグマンの言葉を借りれば「人間が最大限に機能するための科学的研究であり、個人や共同体を繁栄させる要因の発見と促進をめざす学問」なのです［セリグマン&チクセントミハイ2000年］。

従来の心理学では、個人の潜在能力よりも、むしろ欠陥に焦点を当ててきました。しかしポジティブ心理学が焦点を当てるのは、潜在能力のほうです。問題を解決することを目的としているのではなく、「何が生きる価値のある人生を創りあげるのか」を研究することに主眼を置いています。簡潔に言うと、ポジティブ心理学はマイナス8をマイナス2に引き上げるのではなく、プラス2をプラス8に向上させるための心理学なのです。

心理学におけるこの方向性は1998年に生み出され、現在、急速に発展しています。

ポジティブ心理学がめざすのは、**幸福感**、**フロー**、**強み**、**知恵**、**創造性**、**精神的健康**、**ポジティブな集団や組織の特徴**といった事柄に対して、信頼できる実証的研究を提供することです。次ページの図は、ポジティブ心理学が扱うテーマを示しています。この図は決して、すべてを網羅するものではありませんが、ポジティブ心理学の領域と、この本の大まかな内容をつかむのに役立つでしょう。

◇ポジティブ心理学の3つの階層

ポジティブ心理学の研究領域には3つの異なる階層があります。それは主観的階層、個人的階層、そして社会的階層です。

主観的階層ではポジティブな体験、つまり喜び、ウェルビーイング、満足感、充実感、幸福感、楽観性、フローなどが研究対象となります。この階層では、「よい行いをすること」や「よい人間であること」よりも、「よい気分を感じること」に焦点を当てます。

個人的階層でめざしているのは、「よい人生」の構成要素や「よい人間」になるために必要な個人的資質を明らかにすることです。そのために、人間の強みや美徳、未来志向性、愛する能力、勇気、忍耐、許し、独創性、知恵、対人スキル、天才性についての研究が行われています。

最後に、**社会的階層**で扱うのは、道徳、社会的責任、教育、利他主義、礼節、寛容、労働倫理、ポジティブな組織など、社会人としての人格の向上と共同体の発展に寄与し、個を超越していくための要素です。個人を超えた、より大きなもののために、ポジティブな行動を起こしていくことを取り扱います。

この本は主に最初の2つの階層に焦点を当てていますが、第14章では3つ目の階層についても触れる予定です。

◇なぜポジティブ心理学が必要なのか？

ポジティブ心理学者たちによれば、「通常の心理学」とも呼ばれる主流の心理学は、これまで人間のネガティブな側面ばかりに注目してきました。創造性、楽観主義、知恵といったテーマへの関心は大いにあったものの、それらには主要な理論はなく、広範の包括的な枠組みにも組み込まれてきませんでした。どちらかというと、このネガティブな姿勢は、

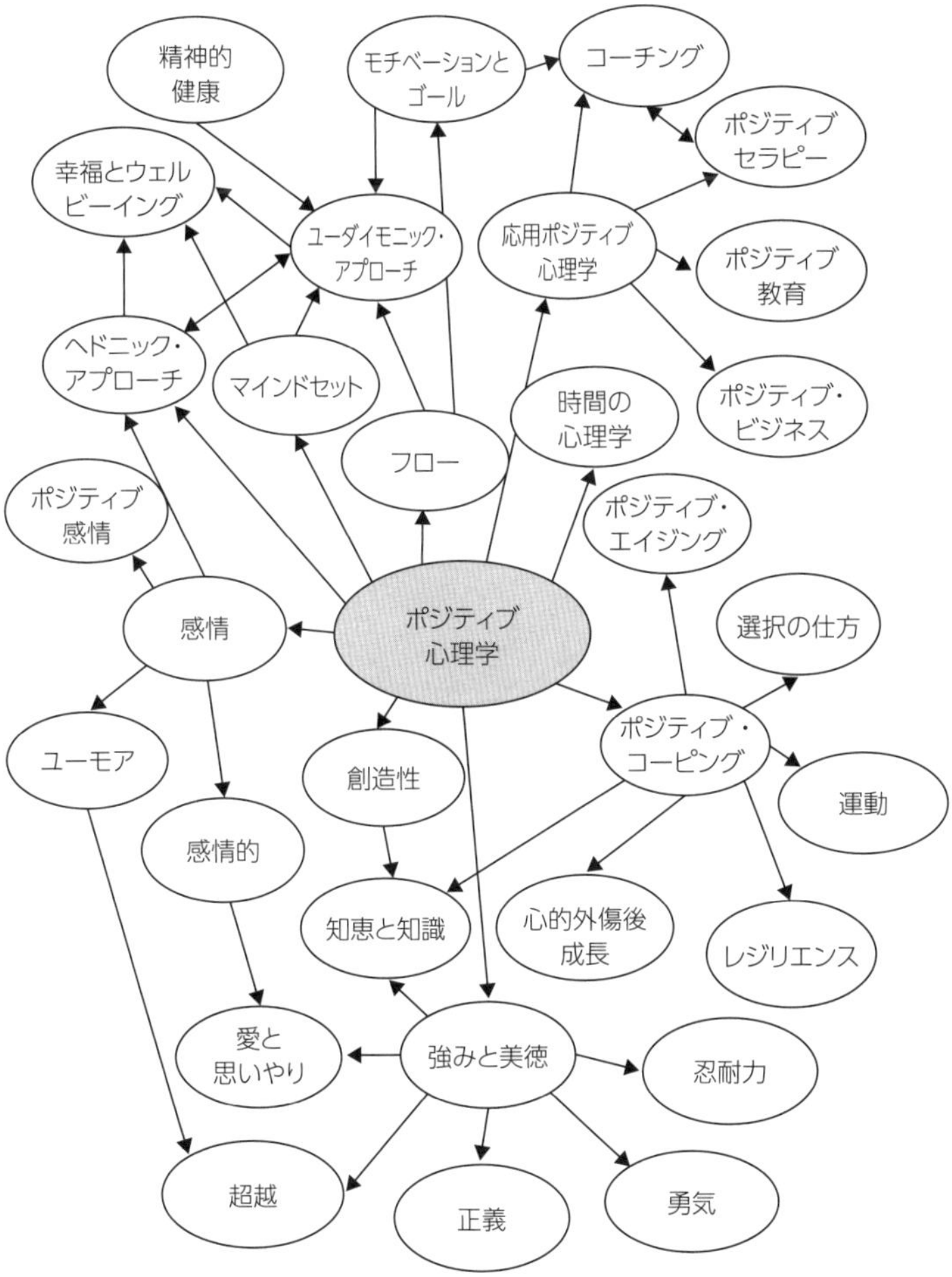

ポジティブ心理学のマインドマップ

心理学の創始者たちが当初めざしたものではなく、歴史の中で意図せずに生まれてきたものです。

第2次世界大戦以前、心理学には3つの役割がありました。それは、**心の病を治療すること**、**日々の暮らしを向上させること**、そして**優れた才能を見極め伸ばすこと**です。しかし戦後、後ろ2つの役割がほとんど失われ、心理学は1つ目の役割に大部分の関心が寄せられるようになりました［セリグマン&チクセントミハイ2000年］。

ではなぜ、このような事態が起きたのでしょうか。心理学が政府からの財政支援に大きく依存している学問であり、その資金源に戦後何が起きたかを考えれば、その理由を推測するのは難しくありません。計り知れない規模で人類が危機に直面した状況においては、利用可能なすべての資金が、精神疾患の治療と精神病理学の研究に注ぎ込まれてしまったのです。

このようにして、心理学は「病理のための学問」という範囲内で機能するようになりました。この位置づけは確かに、今までは有用なものでした。セリグマン自身も「病理に関わる心理学」の数々の功績を認め、それはたとえば、以前は治せなかった14の精神疾患（うつや人格障害、不安発作など）が現在はうまく治療できるようになったことを挙げています。しかしこの病理モデルを導入した代償として、心理学者は「被害者のために存在する学者」とか「病理を見つけたがる人」というネガティブな見方をされ、心理学は日々の生活の向上や優れた才能の特定、育成の取り組みに失敗してきました。

それを端的に説明するために、あなたが友人たちに心理学者に会いに行くと告げた場面を想像してみてください。友人たちの反応はおそらく「どんな問題を抱えているの？」でしょう。「それはすごい！　自分を向上させるつもりなんだね」といった言葉はけっして返ってはこないでしょう。

多くの心理学者たちが指摘していますが、「何が生きがいのある人生を作るのか」や、「普通の人々が、極限状態ではなく日常の環境で、どうしたら豊かに生きることができるのか」ということについては、ほとんど一般的には知られていません。実際、私たちがよい人生に関して語れることは、自己啓発の指導者の受け売りにすぎません。はたしてそれでいいのでしょうか。

西洋社会は、心理学を病理モデルに偏らせた時代背景から、はるか昔に脱却しています。今こそ不均衡を正し、支援を必要とする生き方について研究するよりも、むしろ日常的に繁栄していく生き方を学ぶことに心理学の知識を使う時なのではないでしょうか。そして今こそ、強みや才能、あらゆる意味での優れた成果、自己を改善する最適な方法や手段、充実した仕事や人間関係、そしてこの惑星のあらゆる場所で営まれている普通の暮らしという偉大な芸術について、知識を集約する時なのではないでしょうか。これが、ポジティブ心理学が生み出された背景にある合理的理由です。

そうは言っても、ポジティブ心理学は心理学であることに変わりはなく、従来の心理学と同じ科学的手法を採用しています。ただ違うのは、従来の心理学とは異なる（そして多くの場合、はるかにおもしろい）テーマについて研究し、わずかに視点の異なる疑問を呈するということだけです。たとえば、**「何が役に立たないのか」よりも「何が役に立つのか」を、「この人物のどこが問題か」よりも「この人物のどこが優れているのか」という問いを投げかけるのです。**

◇ポジティブ心理学の歴史的起源
——私たちは同じことを無駄にやり直しているだけではないのか？

ポジティブ心理学は、自らを新しく先進的な学問であると非常に強く主張しています。先進的であるという主張は確かに正しいかもしれませんが、アイディア自体は決して新しいものではありません。

ポジティブ心理学の起源は、古代ギリシャの哲学者たちの思想までさかのぼることができます。アリストテレスは、個人の中に固有のダイモン、すなわち精霊が宿っていて、それが私たちに正しいものを追求するように導いてくれるのだと信じました。ダイモンに従って行動すれば、幸福にたどり着けるというのです。以来、少なくとも数百人の著名な思想家たちが、幸福に関する問題について考察を加えてきました。そしてその考察によって多くの理論が生まれ、喜びに重きを置く快楽主義、最大多数の最大幸福を探し求める功利主義なども誕生しています。

ポジティブ心理学の主題には西洋の哲学思想が大きな影響を及ぼしていることは明らかですが、あまり認識されていないものの、**東洋のヒンドゥー教や仏教の伝統も影響を与えています。**愛、思いやり、慈悲、喜び。これらは幸福へ通ずる道としてヒンドゥー教や仏教で明確に奨励されている感情であり、現代のポジティブ心理学が研究する主要な領域です。仏教的なアプローチには、ポジティブ感情を養うための様々な方式が用意されています。ヨガ、マインドフルネス、瞑想といった多くの東洋的な訓練や手法は現在、比較実験で効果が実証され、ポジティブ心理学の分野において輝かしい地位を誇っています。

20世紀に入ると、多くの著名な心理学者たちが、後にポジティブ心理学の主題となるものに焦点を当てました。代表的な人物は、個性化、すなわち「完全な人間になる」という概念を1933年に提唱したカール・ユング、1955年に個人の成熟に注目したゴードン・オールポート、1958年にポジティブなメンタルヘルスの定義に取り組んだマリア・ヤホダです。また1967年には疾病予防、1994年にはウェルネスの向上の研究を行ったカウエンによって、繁栄やウェルビーイングといったテーマが取り上げられるようになりました。

しかしながらポジティブ心理学の前身として最も注目すべきは、1950年代に誕生し、60年代〜70年代に最盛期を迎えた**人間性心理学**の運動でしょう。この運動では、個人の成長や真我に主眼を置いています。人間性心理学者たちは、人間に対する病理学的なアプローチに異議を唱えました。最も有名な学者は、「完全に機能している人間」という概念を導入したカール・ロジャーズ、自己実現を重視したアブラハム・マズローです。実際、「ポジティブ心理学」という用語を初めて使用した心理学者はマズローでした。

しかし人間性心理学者たちは、心理学において支配的だったネガティブな枠組みに反対しただけでなく、いわゆる分子や原子を研究するには役立つ「科学的手法」は、複雑な存在である人間を理解する助けにはならないとし、統計的で複雑な計算をする量的な研究よりも、より質的な分析を求めました。

この点においてポジティブ心理学は、主な先人たちである彼らと一線を画します。「人間性心理学は実験的な手法に懐疑的であるがゆえ、あまり科学的な根拠に根ざしていない」

とポジティブ心理学は主張しています。ネガティブな主題ばかり偏重する主流の心理学に同じように異議を唱える人間性心理学と、ポジティブ心理学が大きく違う点は、**ポジティブ心理学は主流の科学的な枠組みを尊重する**ことです。人間性心理学とポジティブ心理学の研究のテーマは実に似てはいますが、用いる手法の点で区別されるのです［ピーターソン&セリグマン2004年］。

その主張が正しいかどうかはさておき、ポジティブ心理学は自らを新しい学問だと位置づけ、その起源からは距離を置こうとしています。

推薦図書

シェリー・ゲーブル&ジョナサン・ハイト（2005）「What（and why）is positive psychology?（何が（そしてなぜ）ポジティブ心理学なのか？）」『レビュー・オブ・ジェネラル・サイコロジー』9. pp. 103-110.

マーティン・セリグマン&ミハイ・チクセントミハイ（2000）「Positive psychology：An introduction（ポジティブ心理学：入門）」『アメリカン・サイコロジスト』55. pp. 5-14.

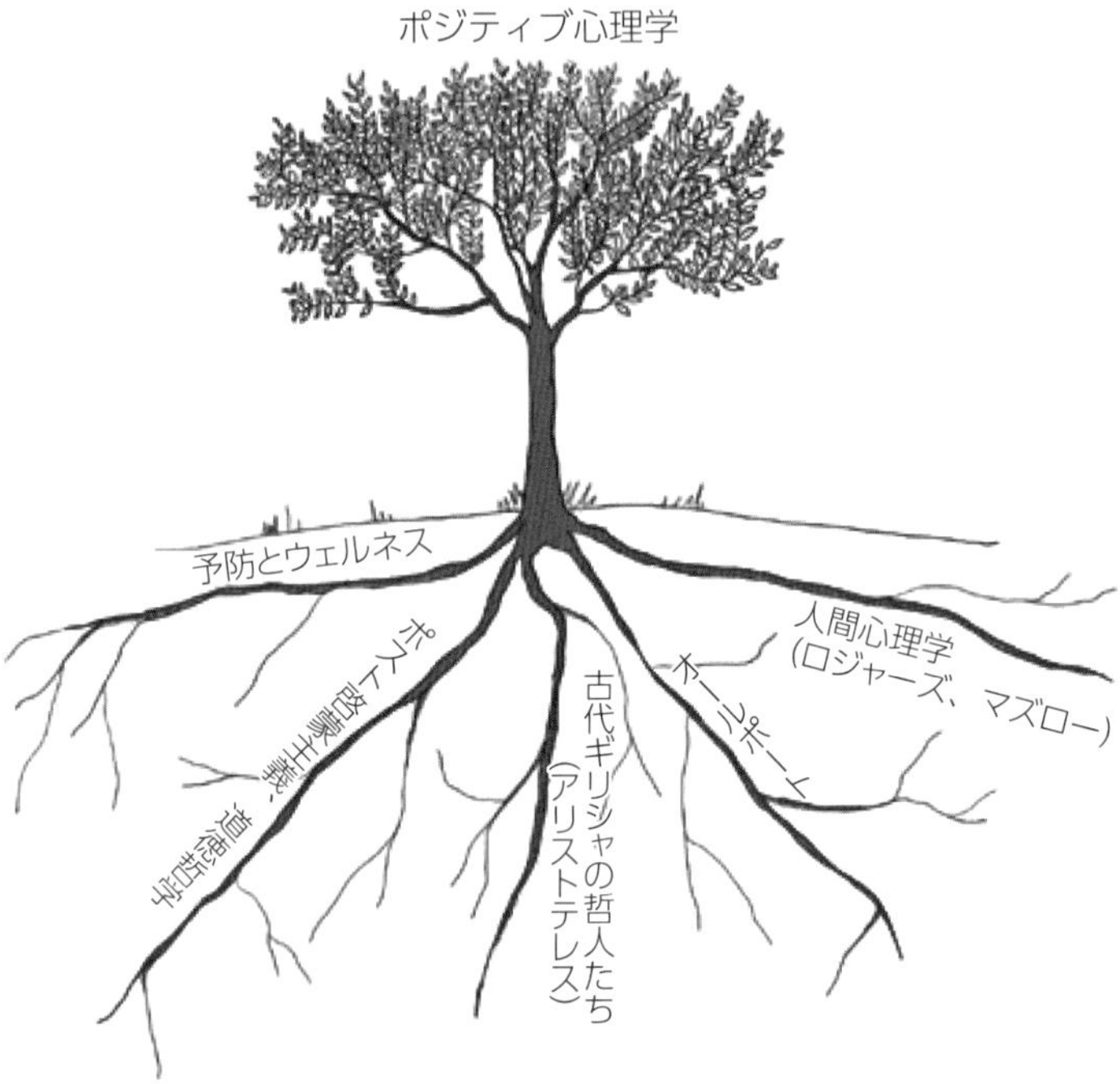

ポジティブ心理学のルーツ

感情と「あなた」
Your Emotions and you

2

「感情」という用語は、定義が難しいことで知られています。ファーとラッセルが言ったように、「誰もが感情とは何かを頭ではわかっているが、定義を尋ねられると途端に閉口してしまう」のです。［オートレイ&ジェンキンス1996年96ページ］

しかし私たちはみんな、「感情」という言葉を普通に使っていますし、何を指しているのか経験的に理解できています。心理学者たちがよく用いるのは**「情動」**という用語で、これは私たちがいつも経験し、簡単に認識できる、様々なポジティブ・ネガティブ感情、気持ち、気分を総称する言い方です（研究者の中には、感情と情動を区別し、情動は感情よりも広義で長続きするものと考える人もいますが、この本ではどちらもほぼ同じ意味で使用します）。

この章では、ポジティブ心理学で特に人気がある2つの感情に関するテーマ、**「ポジティブ感情」**と**「EQ（こころの知能指数）」**について考えてみましょう。

◇ポジティブ感情の価値

心理学では長年に渡り、抑うつ感、悲しみ、怒り、ストレス、不安といったネガティブ感情の研究に力を注いでいました。心理学者たちがその分析に没頭したのも当然でしょう。ネガティブ感情はしばしば精神疾患にかかっていることを教えてくれたり、精神疾患を引き起こしたりするからです。しかしながら、**ポジティブ感情も、ネガティブ感情に負けず劣らず魅力的な研究テーマ**です。

ポジティブ感情についてはたくさんの誤解が広まっています。たとえば、ポジティブ感情は、秩序だった効果的な思考を妨げてしまうとか、それはどこか「単純」だとか、そんな感情はすぐに消えてしまうため、長期間に渡って影響を及ぼさないとかいったことです。研究ではそれらが事実でないことがすでにわかっていますが、証明されるまでには長い時間がかかりました［アイゼン２００２年］。比較的最近になって、やっと心理学者たちはポジティブ感情が本来価値あるものだと認識し、研究し始めたのです。

認識を改めさせる立役者となったのはバーバラ・フレドリクソンです。彼女はポジティブ感情の効用を解明するために研究生活のほとんどを費やしました。

ネガティブ感情の効用は以前から明確に知られていました。**ネガティブ感情、すなわち**

不安や怒りなどは特定の行動を誘発します。そのおかげで人間は進化の過程で適応力を高めることができました。たとえば恐怖という感情は逃げるという行動を促し、怒りという感情によって攻撃することができるといった具合です。もし我々の祖先にこのような効果的な感情のツールが備わっていなかったとしたら、私たちは今の時代まで生き残ることはできなかったかもしれません。

さらに、**ネガティブ感情は私たちの活動のオプションを減らし、実際の行動を狭めてくれます**。たとえば危険から逃げているとき、私たちは美しい夕暮れをしみじみと味わったりはしないでしょう。ネガティブ感情が持つこのような機能は、切迫した状況において、注意がそれることを最小限にしてくれます。

それに対して、ポジティブ感情は、特定の行動と密接に関わっているわけではありません。それではポジティブ感情には、単によい気分を味わわせてくれること以外に、どのようないいことがあるというのでしょうか。幸福や喜び、愛情や快楽を感じることに、どういった意味があるのでしょうか。

バーバラ・フレドリクソンが唱えたポジティブ感情の**「拡張・形成理論」**では、ポジティブ感情は、私たちの個人的な成長と発展に寄与し、長期に渡る効果をもたらすものであることを示しています［フレドリクソン2001年］。以下が、その具体的な例です。

1．ポジティブ感情は、私たちの思考と行動のレパートリーを拡張する。

まず、ポジティブ感情は注意を向ける範囲や思考を拡張してくれます。つまり、私たちはより多様なポジティブなアイディアを持てるようになるということです。喜びや興味といったポジティブ感情を経験しているとき、私たちは創造性が高まり、より多くのチャンスを見いだし、他者との関係にオープンになり、よく遊び、柔軟性が増して、寛容になります。

2．ポジティブ感情は、ネガティブ感情を打ち消す。

ポジティブ感情とネガティブ感情を同時に持つことはできません。したがって、ネガティブ感情が支配的なときに、ポジティブ感情を意識的に持てば、ネガティブ感情が長引くのを防ぐことができます。ほどよい喜びと充足感は、生理的レベルで経験したストレスを取り除いてくれるでしょう。

3．ポジティブ感情はレジリエンス（回復力）を高める。

ネガティブ感情が、レジリエンスやものごとに対処する能力を減少させるのに対して、楽しみ、陽気な遊び心、充足感、満足感、温かい友情、愛情、愛着などはすべて、レジリエンスと対処能力を高めてくれます。ポジティブ感情は、問題に焦点を合わせた対処能力やその再評価を促し、ネガティブな出来事にポジティブな意味を吹き込んでくれるでしょう。それによって、不快な出来事を経験しても、いち早く立ち直れるようになります。

4．ポジティブ感情は、心理的な幅を広げる。

ポジティブ感情は、一時的な効果しかもたらさないということは決してありません。感情自体は一時的であっても、長期にわたって役立つ重要な身体的、知的、社会的、心理的資質の形成を促進してくれます。たとえば、遊びに関するポジティブ感情は、身体能力の向上に効果を発揮します。自己管理をしながら、友人と楽しく過ごす時間は、社会的スキルを高めてくれるでしょう。

5．ポジティブ感情は、上方へ向かう発展スパイラルを引き起こす。

ネガティブ感情が人を落ち込みの状態へ向かわせる下向きのスパイラルに誘うように、ポジティブ感情は心がより健康になる上向きの発展スパイラルを生み、人々をよりよい状態に作り変えます。

レジリエンス理論

「拡張・形成理論」が私たちに伝えてくれているのは、ポジティブ感情はそれ自体が目的ではなく、よりよい人生を送るための手段だということです。ポジティブ感情は、一時的な喜ばしい感覚とは区別されます。一時的な感覚とは、たとえば、チョコレートアイスを食べたり、ビールを飲んだり、ドラッグを使用したり、マッサージを受けたりしたときに感じるものです。それらの感覚は、永続的な個人的資質の育成に結びつかないことから、ポジティブ感情とは呼んでいません。

ヒントとツール

ポジティブ感情を増やす方法とは？

充足感という感情は、漸進的筋弛緩法、ヨガ、イメージエクササイズといったリラクゼーション技法によって増幅させることができます。瞑想《めいそう》を行うことも、マインドフルネスの状態に達しやすくなり、たくさんの恩恵をもたらしてくれます［フレドリクソン2001年］。

ポジティブ感情がもたらす恩恵は、多くの興味深い研究によって実証されています。パートナーを失った人々を対象にした調査では、笑いと本物の笑顔（デュシェンヌ・スマイル）は、悲しみに暮れる期間の長さに関連性があることがわかりました。本物の笑顔とは心からの笑顔のことで、口角が上がり、目尻周辺の皮膚にしわができることが特徴です。怒りを感じていた人と比較すると、声を出して笑い、本物の笑顔になっていた人々は、2年半後には、社会に多く関わり、新たな交際を再開している可能性が高いという研究結果が発表されました［ケルトナー&ボナーノ1997年］。

1965年に行われた女子大生を対象にした有名な研究では、卒業アルバムの写真を笑顔の度合いによってコード化し、彼女たちのその後の人生を追跡調査しました。その結果、本物の笑顔を見せていた人ほど、その後の人生でネガティブさが少なく、能力を発揮し、他者からよりポジティブな評価を受け、より大きな幸福感を味わっていることが判明したのです［ハーカー&ケルトナー2001年］。

その後、わずかにコード化の方法を変えて行った調査では、同じ結果をすべて再現することはできなかったものの［フリーズ他2009年］、より最近の調査では、子供時代の写真に笑顔が見られなかった人はかなりの確率で離婚するという結果が示されています［ハーテンスタイン他2009年］。

別の研究でも、ポジティブ感情を経験している医師は、より正確な診断を下せることがわかりました［アイゼン他1991年］。

ヒントとツール

ポジティブな意義を見つける

私たちは特定の感情を意図的に持つこともできないし、他人が強制的に私たちに感情を押しつけることもできません。また楽しくなるような活動に従事したとしても、ポジティブ感情を持てるとも限りません。それは、ポジティブ感情を持つかどうかは私たち自身の解釈にかかっているからです。私たちにできるのは、日々起こることをポジティブな言葉で表現しなおし、その中にポジティブな意義を見いだすことによって、ポジティブにとらえる努力をすることなのです［フレドリクソン2002年］。

◇ネガティブ感情がもたらすポジティブな影響
――大切なものを捨ててしまわないように

それでは、私たちは本当に生き生きとした人生を送るためには、どれくらいのポジティビティー（ポジティブさ）が必要なのでしょうか。研究によると、**ポジティビティーとネガティビティーの割合が3対1か、ポジティビティーの割合がそれより多くなった場合、人は活気づきます。**その割合よりもポジティビティーが低い場合（たとえば2対1など）は衰退の道をたどると言われています［フレドリクソン2004年］。

したがって、ネガティブ感情1つを経験すれば、最低でも3つのポジティブ感情を持つようにしましょう。しかし注意したいのは、どれほどよいものでも、持ちすぎるとかえって危険になるということです。ポジティブビティーを8対1よりも多く経験していると、逆効果を招くと言われています。

ポジティブ感情は、幸福へ向かう険しい道のりで、確かに私たちを後押ししてくれますが、だからといってネガティブ感情が無駄だとか重要でないということではありません。**ネガティブ感情は気持ちのいいものではありませんが、ポジティブな結果をもたらしてくれることもあります。**ネガティブ感情を大切だとする理由は次のとおりです。

●ネガティブ感情を経験することは、基本的な性格を変えるきっかけとなります。感情の研究の第一人者であるリチャード・ラザルスは次のように述べています。「安定した大人が性格を大きく変えるには、トラウマや個人の危機的体験、または改宗（宗教を変えること）が必要なことがある」［2003年a105ページ］。

●ネガティブ感情は、私たちを心の奥底にいざない、本当の自分と対話させてくれます。

●ネガティブ感情は、私たち自身について学び、理解を深め、世界をよりよく認識させてくれます。分別とは、人生にはつきものの苦しみや喪失を経験することによって、もたらされる場合が多いのです［ヤング・エイゼンドラス2003年］。

●ネガティブ感情を経験して、その感情に対処することは、社会生活において好ましい結果をもたらすことがあります。それは、謙虚さや道徳的な配慮、思いやり、共感などを身につけることができるようになることです。

研究者の中には、すべての感情をポジティブとネガティブという2種類に分類しようとすることは賢明でないと考える人もいます。たとえば希望という感情は、望む結果が起きてほしいという願いと、起きないかもしれないという不安が組み合わさったものだと考えられるのではないでしょうか。ポジティブ感情、ネガティブ感情とは一体何なのでしょうか。

また「誇り」という感情は、一般的に西洋ではポジティブ感情と受け止められていますが、全体主義的な社会では罪と見なされます。「愛」は、ポジティブ感情といえば真っ先に思い浮かぶ感情ですが、報われないときにはとてもポジティブなものとは思えません。ニヤッとしたり、声を出して笑ったりすることが、誰かに向けられた場合、いつでもポジティブに解釈されるものでしょうか［カンポス2003年］。

私たちが感情について理解しようとするときに忘れてはいけないのは、それがポジティブなものとなるか、ネガティブなものとなるかは、それが起こる状況によるということです［ラザルス2003年a］。

◇EQ――こころの知能指数

「こころの知能指数」つまりEQは、ダニエル・ゴールマンが1995年に著書『EQ こころの知能指数』で広めた有名な用語ですが、彼が考え出したものではありません。実際にはゴールマンの本が出版されるよりもかなり前に、ジョン・メイヤーとピーター・サロベイがこのテーマを研究していましたが［メイヤー他1990年、サロベイ&メイヤー1990年など］、ゴールマンが彼らの用語を借用したことによって、ゴールマンのほうがEQという言葉の発明者として知られるようになりました。

EQとは、「自分や身近な人々の感情を認識し、うまく取り扱う能力」のことです。キャリアの成功や人生の目標達成のためには、IQよりも重要性が高いと言われています。

EQが爆発的に注目を集める中、その概念についてたくさんの考察や研究が行われてきました。その結果、EQのモデルが多数唱えられてきています。ここで、中でも高度に発展されたモデルの例としてメイヤー・サロベイ・カルーソー・モデルをご紹介しましょう。このモデルでは、EQは大きな4つの領域に分かれています［サロベイ他2004年］。

1．感情を認識する能力

この能力は、顔の表情、声のトーン、または芸術作品に込められている感情のメッセージを読み取る力のことです。自分自身や他者の感情を把握することに長けた人は、他の人の視点に立って物事を理解して共感できるため、社会生活で優位性を発揮することができます。

2. 感情を使い、思考を促進する能力

感情には、私たちの考え方を変える力があります。幸福を感じているときにはすべてのことが可能に思えますが、悲しいときはネガティブな考えを持ってしまいがちです。この領域では、感情がどのように私たちの思考に影響を及ぼすのか、どのように感情を利用すればより効果的な問題解決、推論、意志決定、実りある活動ができるのかを考察します。

3. 感情を理解する能力

感情に気づくことだけでは十分ではありません。私たちは感情が運んでくるメッセージを理解する必要があります。私たちはなぜ特定の感情を持つのでしょうか。そして感情はどこからやって来て、私たちをどこへ導くのでしょうか。たとえば、いらだちは怒りへとつながり、不安は予想できない感情の爆発を招くといったことを知ることは重要です。「こころの知能指数」の高い人は、感情を適切な言葉で表現したり、複雑な感情や、矛盾する感情も理解したりすることができます。

ヒントとツール

感情に気づくための自己観察日記

日々の気持ちを日記につけて、何があなたの気分に変化をもたらしたか観察してみましょう。次の点に注意を向けて、書きとめてください。

- A（Adversity 困難） あなたの気分を変えた困難な出来事
- B（Beliefs 思い込み） あなたの気分を変えた思い込み
- C（Consequent 結果） その結果として起こった気分の変化
（1から10までの点数で評価）

これらを書き出すことで、自分の感情に対する理解が深まり、感情にうまく対処する力がつけられるでしょう［カー2004年］。このワークを2ステップ進めて、あなたの気分を落ち込ませた思い込みに対抗することもできます。

- D（Dispute 反論） 困難を説明するための別の考え方
- E（Energy エネルギー） そのことによって感じたエネルギーの変化
（1から10までの点数で評価）

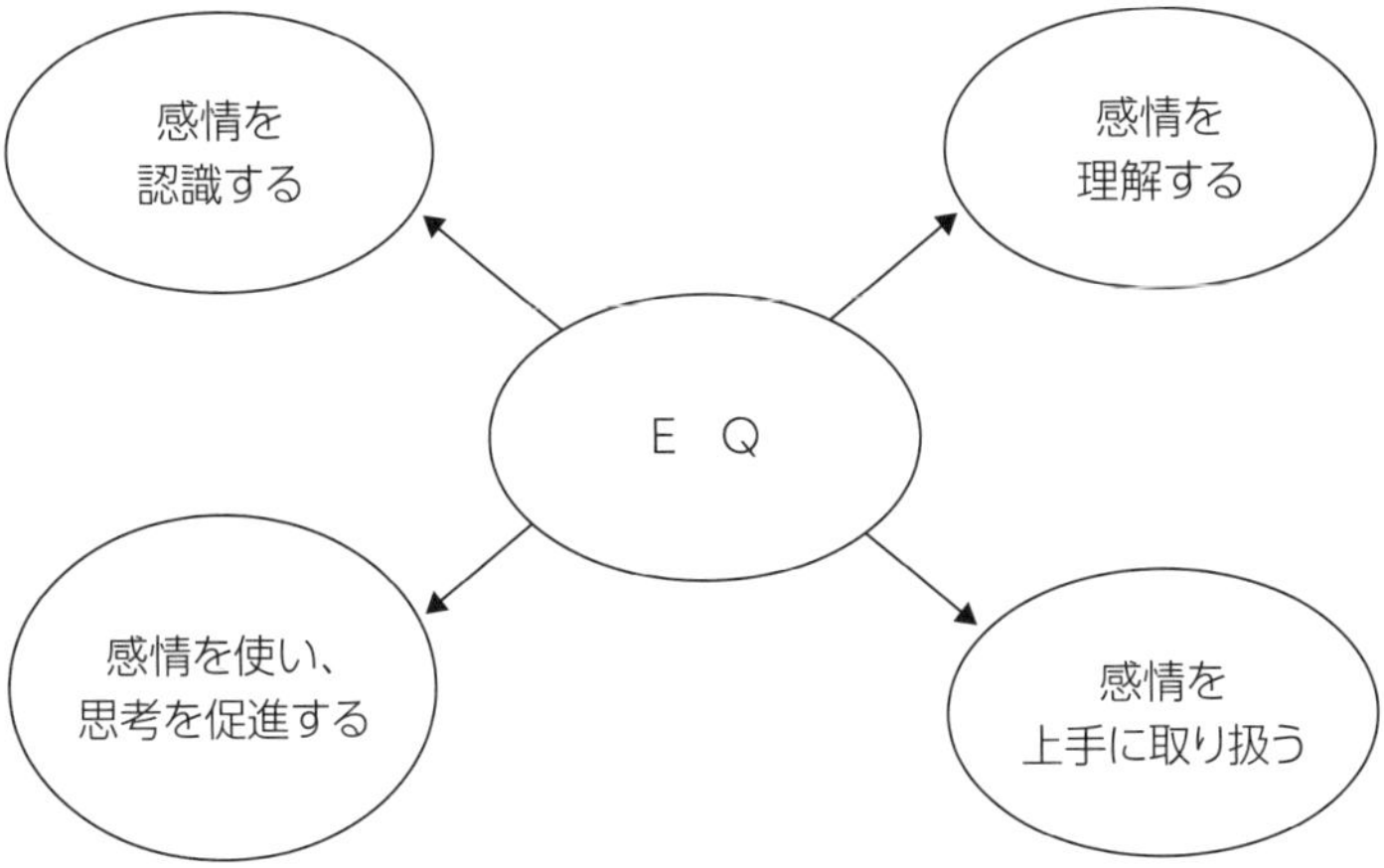

EQ の 4 つの領域

4. 感情を上手に取り扱う能力

感情を管理する、または規制するとは、厄介な感情を排除することではなく（もしそうだったら、人生は味気ないものになってしまうでしょう）、そのような感情を上手に取り扱う方法を学ぶことです。私たちの中には、イライラしているとき、それについては何も対処できないと考える人もいますが、気分をよくするために何かができると信じる人もいます。感情をうまく管理できる人は多くの場合、他の人が感情に対処するのを手助けすることにも長けています。

ヒントとツール

感情を上手に管理するのに役立つこと

- エネルギーの消費（運動など）
- 認知的努力（自分自身に励ましの言葉をかけるなど）
- 積極的な感情管理（リラクゼーションや音楽など）
- 人との交流
- 気晴らし（趣味、買い物、用事など）

感情を上手に管理するのに役立たないこと

- ストレスや緊張を直接的に減少させる（薬物やアルコールなど）
- 悪い気分を引き起こした人やものを避ける
- 受け身的な手段（テレビ、コーヒー、食べ物、睡眠など）
- 独りで時間を過ごすこと［サロベイ他２００２年］

このようにＥＱの領域が分かれていることは、それらの研究結果を実生活に当てはめてみれば納得がいくでしょう。他の人の話によく耳を傾け、同情し、理解することまではできたとしても、非言語のサインを「読む」ことができないばかりに他者との交流をとり損なうことがあります。したがって、このようなケースでは「感情を知覚する能力」こそが、改善の必要な領域であると言えます［サロベイ他２００４年］。

ＥＱの概念には何も課題がないわけではありません。どの領域が加えられるべきで、どれが除外されるべきか、ＥＱとは本当に感情に関することなのか、感情を合理的に概念化する能力なのではないか、ＥＱを測定する最適な方法は何かといったことについて、多くの議論がなされています。それでもなおＥＱは、複雑に入り組んだ人間の内面世界を理解する手助けをしてくれることに変わりはないようです。

推薦図書

『ポジティブな人だけがうまくいく3：1の法則』（バーバラ・フレドリクソン著　植木理恵監修・高橋由紀子訳）日本実業出版社

楽観主義と希望
Optimism and Hope

3

◇楽観主義者と悲観主義者について

目標の達成や未来の出来事に対してどの程度の期待を持つかによって、私たちは**楽観主義者**と**悲観主義者**の二種類に分類されます。楽観主義者とは、未来に総じて確信を持ち、ポジティブな結果が出るだろうという期待を持つ人のことです。一方、悲観主義者は全般的に疑念やためらいを感じ、ネガティブな結果を予想します。では一体、楽観主義者と悲観主義者、どちらになったほうがよいのでしょうか。

◇楽観主義者になるとよい点

ポジティブ心理学の研究では、楽観主義的な視点を持つことの利点が多く明らかにされています。そのいくつかをご紹介しましょう。

●楽観主義者は人生において困難に直面したとき、悲観主義者ほど苦痛を感じません。彼らが感じる不安感や抑うつ感は大幅に少ないものとなります。

●楽観主義者はネガティブな出来事（冠動脈バイパス手術、乳がん、妊娠中絶、骨髄移植、エイズなども含む）に、よりうまく対処できます。

●楽観主義は、初めての出産後、うつ症状に陥るのを防ぎます。

●楽観主義は、問題に焦点を当てた対処、ユーモア、計画の立案、ポジティブな再解釈（よくない状況を可能な限りよい条件でとらえ直すこと）に役立ちます。また状況がコントロール不可の場合には、現実を受け入れるための手助けをしてくれます。楽観主義者はネガティブな状況から学びを得ることができるため、悲観主義者よりも物事に対応する力があります。

●意外かもしれませんが、楽観主義者は、問題から距離を置こうとしがちな悲観主義者と違って、悪い状況を否認しない傾向にあります。楽観主義者とは、単に厄介な出来事から目を背けて、幸福に対する脅威を無視する人のことではないのです。たとえば、彼らは体の不調のサインによく気づき、将来、深刻になるかもしれない問題をいち早く発見します。

●楽観主義者は、継続的な努力をし、途中であきらめない傾向にあります。それはおそらく、何らかの方法でどんな状況にも対処できると信じているからでしょう。一方、悲観主義者は、圧倒的に最悪の事態を予測する傾向が強く、その結果として、あきらめが早い傾向があります。

●楽観主義者は、悲観主義者よりも健康を増進させる行動（健康的な食事や定期的な健康診断など）を多くとり、身体的な健康を享受しています。

●楽観主義者は職場において、より生産的であるといわれています［ロビンズ他1991年、カーバー＆シャイアー2002年］。

さらに言えば、過去1世紀の間にアメリカの大統領選に勝利した候補者の85％は楽観的要素の強い人物［ズーロー他1988年］でした。もちろん、それがより優秀な候補者であったかどうかは別の話ですが。また保険のセールスについての調査でも、悲観主義の販売員にとって警告となるべき結果が出ています。楽観性を測るアンケートで上位10％に入った販売員と、下位10％に入った販売員を比較した結果、上位の販売員のほうが保険の売り上げが88％も高かったのです［セリグマン＆シュルマン1986年］。

◇楽観主義は習得可能か

その答えは単純にイエスです。確かに楽観性には遺伝的な要素もあるでしょうし、幼少期の経験が楽観的、悲観的な視点の形成に影響を及ぼすこともあります。しかし、いくつかの手法を使えば悲観主義に対抗することが可能なのです。

その手法の1つは、ベストセラーとなった著書『オプティミストはなぜ成功するか』［山村宜子訳、講談社］でマーティン・セリグマンが紹介した**反論法**です。私たちは普段この「内的な反論」というスキルを、他の人から不当に非難されたときに使っています。たとえば「それは違う。話を聞いていないのは彼のほうだ。私じゃない。私はいつだって、結論を導き出す前に人の話に耳を傾けている」と心の中で思うことなどがそうです。

しかし、私たちは自分自身を不当に責めるとき（たとえば困難な状況に対処できないときなど）、それに反論を加えようとはしません。楽観主義を身につけるカギは、注意深く状況を観察し、自分の考えを認識することにあります。もし**ネガティブな考えが湧いてきたら、意識的にその考えに反論し、別の結論を引き出すことも可能**です。

また、自分の「説明スタイル」を観察して、変更することも有効なやり方といえます。**「説明スタイル」とは、過去に起きたポジティブ、ネガティブな出来事の原因や影響を説明するやり方**のことです。

悲観的な説明スタイルでは、悪い出来事について、内的、永続的、普遍的な説明をし、よい出来事には外的、一時的、限定的な説明を行います。この悲観的スタイルを使用する人は、悪い出来事を、個人の失敗という観点から評価する傾向にあります。

一方、楽観的な説明スタイルでは、悪い出来事に対し、外的（自分自身の自尊心を保てるように）、一時的、限定的な（状況に起因するといった）説明を与え、よい出来事には逆パターンの説明を行います。

表3-1は、楽観的、悲観的な説明スタイルの例です。セリグマンは、普段の考え方や態度を観察し、悲観的な説明スタイルが出てきたら、それに反論するほうを当然ながら推奨しています。

表 3-1　楽観的な説明スタイルと悲観的な説明スタイル

出来事	楽観主義者の発言	悲観主義者の発言
よい出来事 (試験に合格するなど)	**内的**：俺はすごいことをやり遂げた。 **永続的**：俺には才能がある。 **普遍的**：試験シーズン、幸先いいスタートになった。ほかの試験も簡単に違いない。	**外的**：どうして合格できたのかわからない。運がよかっただけだろう。 **一時的**：誰だって一度ぐらい、いいことはあるさ。 **限定的**：だから何だと言うんだ。次の試験は落ちるかもしれないし。
悪い出来事 (試験に不合格になるなど)	**外的**：試験の問題がひどかったんだ。 **一時的**：問題ないさ。次回は合格する。 **限定的**：昨日は誕生日だったしな……。	**内的**：すべて自分が悪いんだ。俺の準備が足りなかった。 **永続的**：これからもこの試験には合格できないんだ。 **普遍的**：俺の夢は終わった。なりたい自分になんてなれない。

ヒントとツール

悲観的な説明に反論するときには……

あなたが信じていることの根拠は何か、自分自身に問いかけてみてください。失敗に対する別の説明を探してみましょう。もし楽観的な説明ができなかったとしても、その困難な状況が何を意味するのか、考えてみてください。それは本当に破滅的な事態でしょうか。どの説明が有効であるか判断できない場合は、どの説明なら、あなたの気分をよいほうに変えてくれるかを考えましょう［カー2004年］。

このテーマについて講演をし、楽観主義やポジティブな説明スタイルの効用について、聴衆をほとんど納得させることができたと思ったところで、次のような質問をよく受けます。「物事がうまくいかないときに、自分以外の人のせいにしろと言っているわけではありませんよね」

いい質問です。でも、これに対しての回答は用意できません。なぜなら私が知っているかぎりにおいて、楽観的な説明スタイルが楽観的な人々に与える影響や、楽観主義と自分本位といった性質との関係性については、まだ研究がなされていないからです。

◇悲観主義者になるとよい点

悲観主義は、時にあなたの生命を守ってくれます。楽観主義的な考え方ではリスクを過小評価する傾向があるため［ピーターソン&パーク2003年］、楽観主義者はよりリスクの高い行動、たとえば避妊なしのセックスや無謀な運転に関わりやすくなります。また、たとえばパイロットが氷混じりの暴風雨の中で飛行機を離陸させるか判断するときなどにも、楽観主義は望ましいとはいえないでしょう。

トラウマとなるような深刻な出来事（誰かの死や火事、洪水、暴力的なレイプなど）が起きた場合には、楽観主義者は美しいバラ色の世界が粉々に砕け散ってしまうことに対して、心の準備ができていません（楽観主義者は悲観主義者よりも立ち直りやすい傾向にはあるのですが）。

さらに、悲観主義者の中には、楽観的になる方法を学んだり、ポジティブな気分になろうとしたりしても、それがあまり有益とならない人がいることも明らかになりました。その性格は**「防衛的悲観主義」**と呼ばれます。防衛的悲観主義は認知的な戦略の1つで、結果に期待を持たないというものです。それはたとえ過去に似たような状況で、よい結果が出ていたとしても変わりません。防衛的悲観主義者は、物事が悪い結果になるという予測を、対処メカニズムとして利用します。**彼らは悪い事態を予測して、期待を低く持ったときのほうが、よりよい結果を出せるのです。**

防衛的悲観主義は、不安を抱えた人が気持ちをコントロールするのを手助けしてくれます。予想に反するかもしれませんが、このタイプの人は楽観的になろうとしたほうが、悪い結果を出してしまいます。時間が経つにつれて、防衛的悲観主義者は、同程度の不安を感じていながらも防衛的悲観主義を利用しない人に比べ、自己評価が高くなり、幸せを感じ、学業でよい成績を出し、個人の目標に近づくことができます［ノーレム&チャン2002年］。

◇では、現実主義はどうなのか

これもまた難しい問題といえるでしょう。それは単純に、現実主義が現在、主流とは呼べないからです。ポジティブ心理学における主要な5つの文献の索引を、私が入念に調べたところ、現実主義に言及しているのはわずか1カ所だけでした。

現実主義者の主な目標が、「自分自身や世界をありのままに理解すること」と「一貫性のある正確な自己像を保つこと」だとしたら、楽観主義と悲観主義それぞれの落とし穴を避けつつ、その両方の利点を手にしているとも考えられます。

幸福研究の権威であるエド・ディーナー［2003年］は次のように述べています。「楽観的になりすぎることは、個人にとって好ましくない可能性がある。もしかすると人々は、楽観性と悲観性をあわせもったほうがうまくいくのかもしれない」［同117ページ］

ポジティブ心理学に対しておそらく最も著名な批評家、バーバラ・エーレンライク［2010年］はさらに論を進め、ポジティブな、あるいは楽観主義的な考え方こそが、金融危機や慢性的な病気の悪化を引き起こすとしています。そしてたとえ幸福を阻む本当の原因が自分たちにはとうてい手に負えないものであったときでも、「自己改革のため」と言って莫大なお金をつぎ込ませるのだと指摘しています。

おそらく、西洋の社会にはもっと現実主義者が必要なのでしょう。最新の情勢を把握し、世界で起きている苦しみに共感し、その困難な状況の原因や、今後の影響に対して何らかの責任を取る人が求められています。たとえ成功する可能性は限られていたとしても、状況に対して、何か行動を取ることを選ぶ人が必要なのです。

しかしそうは言っても、私たちがその一歩を踏み出すには、やはり多少の楽観性が必要ではないでしょうか。サンドラ・シュナイダーは、現実的な楽観主義と非現実的な楽観主義を比べて詳細に述べ、「あいまいな知識」と「あいまいな意味合い」の違いを説明し、現実把握の重要性を強調しています。

「あいまいな知識」とは事実を知らないということで、一方**「あいまいな意味合い」**とは解釈に幅があるということです。楽観主義は、あいまいな知識を取り扱うのによいやり方とはいえません。たとえば、あなたが自分のコレステロール値を正確には知らないのに、自分には心臓疾患の心配はないと決めつけるのは理にかなっていないでしょう。しかしながら、人生で起きるたくさんの状況は実際、自由に解釈することができます。そしてその解釈にこそ、楽観主義が効果を発揮するのです〔シュナイダー2001年〕。

実際、シュナイダーとセリグマンは二人とも、出来事を解釈する際には、考え方に柔軟性を持たせるべきだというまったく同じ主張を唱えています。したがって、多くのレジリエンスのプログラム（本書第14章参照）は、楽観主義の理論をベースとし、不幸な出来事が起きた際の習慣化した自分の説明スタイルに疑問を持つようにと、参加者に指導しています。

ヒントとツール

「ポジティブな現実主義」か、「現実的な楽観主義」か

盲目的な楽観主義は、不注意や非現実的な期待へとつながることがあり、長い目で見ると生産的であるとはいえません。そうなるのを避けるために、希望に満ちあふれた考えが判断に影響を与えないようにしましょう。ポジティブでいながらも、同時に現実的になることはできます。それはポジティブな結果だけを予想するのではなく、もし物事が思いどおりにいかなかった場合でも、状況に対処する（さらには何らかの形で恩恵を受ける）こともできるだろうと自信を持つことなのです〔ポポヴィック2005年〕。

◇あるテスト

次の質問事項に答えることで、あなたに関するある傾向がわかります。質問の後に詳細な説明がありますが、質問に回答し終わるまではその説明を読まないようにしてください。

それぞれの質問をよく読みましょう。以下の尺度を使って、あなたの考えに最も近い番号を選び、空欄に記入してください。

	質問1 苦しい状況から抜け出す方法をいくつも考えることができる。
	質問2 目標に向かって精力的に努力する。
	質問3 たいてい疲れている。
	質問4 問題を回避する方法をたくさん考えられる。
	質問5 議論では簡単に言い負かされてしまう。
	質問6 自分にとって人生で最も大切なものを得る方法を、多数考えつく。
	質問7 自分の健康が心配だ。
	質問8 他の人が希望を失っているときでも、問題の解決法を見つけられる。
	質問9 過去の経験のおかげで、未来へ向かう準備が十分にできていると思う。
	質問10 これまでの人生では非常に成功を収めてきた。
	質問11 たいてい何かに悩んでいる。
	質問12 自分で決めた目標を達成することができる。

1＝まったく当てはまらない
2＝ほとんど当てはまらない
3＝ほとんど当てはまる
4＝完全に当てはまる

それでは、質問1、2、4、6、8、9、10、12に記入した番号を合計し、読み進めてください。

今あなたが答えたのは、希望に関する質問です［ロペス他2004年］。8から32までの得点は、あなたがどれほど希望に満ちているかを示します。質問3、5、7、11は気にしないでください。その4つの質問は単にあなたの注意をそらすためのもので、最終結果に反映されるものではありません。先を読み進めて、ポジティブ心理学が希望をどのように見ているか、そして希望を増幅させるには何ができるかを探りましょう。

◇希望はあるのか

希望は、楽観主義と同一のものではないものの、非常に近い概念です。希望についての有数の研究者、リック・スナイダーは、「希望とはゴールを概念化し、障害があってもゴールへ向かう道のりを見つけ、その道のりを歩み続けるためのモチベーションを保つ能力」だと述べています〔ロペス他2004年〕。簡単に言うと私たちは、**①自分の欲するものがわかり、②そこへたどり着くための様々な方法を考えつき、③実際に行動を起こし、歩み続ける、**そのときに希望を抱くのです。

道のりを考え出すこと、すなわちゴールへつながりそうなルートをいくつも生み出すことは非常に重要です。なぜなら、特定のルートがいつも最善だとは限らないからです。たとえ主なルートが通れなくなっていても、希望に満ちた人は利用できる他の選択肢を見つけることができます。先ほどの希望に関する質問1、4、6、8では、あなたがルートを考え出す力を測りました。とはいっても、物事にどう取り組むかをわかっているだけでは十分ではありません。実際に動き出す必要があるからです。この段階において、主体的な思考（「私にはできる」や「私はあきらめない」など）が大切になります。モチベーションとは物事を始めることだけでなく、やる気を持ち続けて、関与し続けることでもあります。質問2、9、10、12ではあなたのモチベーションや主体性を測定しました。

希望を持つことがたくさんの恩恵をもたらすというのは、理解しがたいことではありません。たとえば私たちは、希望が、障害物や自虐的思考、ネガティブ感情を和らげてくれるものであり、精神的健康に不可欠なものであると知っています。身体的な健康に関していえば、希望に満ちた人のほうが病気の予防（運動などを通して）を意識していることが知られているでしょう。高いレベルの希望を持ったアスリートは、より優秀な結果を出せることも明らかになっています。さらに、大学生を対象にした調査では、希望は学業の成績と大きく関係していることがわかりました［スナイダー他2002年］。

スナイダーと彼の同僚研究者たち［2002年］は、希望に対する感情的アプローチよりもむしろ認知的アプローチを強調し、ポジティブ感情とは、「私たちが順調にゴールを追いかけていると確信していることにより生まれるものだ」と主張しています。つまり、希望とはゴールを追求する思考のことで、それが感情を引き起こすのだというのです。他の多くの研究者たちはこの考え方には追随せず（心理学の分野ではよくあることですが）、希望はそれ自体が感情なのだと唱えています［ファリーナ1995年］。

ヒントとツール

希望を持とう

希望を生むにはまず、ゴールを設定しましょう。ゴールを達成する方法をいくつか考え、最もよいものを選びます。ゴールをもっと小さなゴールに細分化しましょう。ゴールを追うように自分を動機づけ、困難に遭遇したら、それは乗り越えるべき試練なのだととらえてください［カー2004年］。

2005年7月7日、ロンドン中心部にいた私は、街で起こった4件の爆破事件に関する最新のニュースに追われて、仕事が手につきませんでした。家族や友人からは、私の安否を確認する電話がかかりどおしでした。バスの屋根が吹き飛ばされたり、まだ地下鉄に取り残されている人がいたりというニュースが飛び交う悪夢の中、未来を楽観視などとうていできません。9・11後の軌跡を見てきた私は、英国の地が恐怖で支配され、反テロリスト手段ばかりがメディアで取り上げられ、ロンドンの豊かな多文化主義がイスラム教徒に対する憎悪と疑いに堕ちていくだろうと思いました。

それでも、私は希望に満ちています。最終的にはすべてうまくいくという希望を持っているのです。その「うまくいく」という状態がどのようなものなのか、どうすればそこへ行き着くのか、そのために私自身に何かができるのかはわかりません。それでも希望を持ち続けているのです。現在の私には、ゴールへのルートを思い描くことができず、自分のなすことが先の見えない最終結果に大きな影響を与えるとも思えません。それにも関わらず、私はまだ希望という感情を持っています。たとえ、それが、今まで私が述べた理論とはまったく矛盾していたとしても、です。

推薦図書

『オプティミストはなぜ成功するか』（マーティン・セリグマン著　山村宜子訳）講談社

フローを生きる
Living in Flow

4

インターネットで30分ほど検索していたと思ったのが、気がつくと3時間も経っていたという経験はありませんか。遅めの朝食をすませて、しばらくしてから本を開き、気づいたら外が暗くなりかけていたということはないでしょうか。

これまでの人生の中で、何かをするのに夢中になり、周りが何も見えなくなってしまった時のことを思い出してみてください。そのときは、何にも気をそらされることなく、その行動だけに完全に集中し、自分自身のことすら意識しないほどになっていたはずです。時間の感覚も失い、実際にはどれほどの時間が経過していたかは、その経験が終わったときに初めて、気づいたことでしょう（予想より短いこともありますが、たいていは予想以上の長い時間が経っています）。

ほとんどの人は、このような状態を経験したことがあるようです。実際、約90%の人は、一回以上、そんな経験をしていると報告されています。アスリートはその経験を「ゾーンに入っている状態」と呼び、一般的には「高次の意識状態」と呼ばれます。そして、心理学者がこのように完全に没頭する経験を言い表す言葉として使うのが、**「フロー」**です。

　この現象を発見して名前をつけたのは、世界的に有名な心理学者であり、私がこれまで出会った中で最も発音しにくい姓を持つ人物、ミハイ・チクセントミハイでした。

　そのチクセントミハイの有名な著書『フロー体験　喜びの現象学』〔今村浩明訳、世界思想社〕は、手に入れやすい自己啓発書の中で、非還元主義的思考（全体は部分の総和以上または以下のものであるとする思考）を深めたすばらしい書籍であるといえます。この本は瞬く間にベストセラーとなり、自己啓発の名著のトップに上りつめました。それは、たとえば、『世界の自己啓発50の名著―エッセンスを読む』〔トム・バトラー＝ボードン著　野田恭子・森村里美訳、ディスカヴァー・トゥエンティワン〕などに紹介されていることからもわかります。

　もしチクセントミハイの本があれほど絶大な人気を博さなければ、そしてセリグマンとチクセントミハイが偶然ハワイで出会って友人になっていなければ〔セリグマン２００２年〕、ポジティブ心理学という新しい運動は生まれなかったかもしれません。

◇フローを起こすには

フローという状態は、ごく限られた条件の下でしか起こりません。その条件とは、私たちのスキルを試すようなやりがいのある努力目標に出くわし、なおかつスキルや能力がその課題に立ち向かうのにちょうどよいレベルにあることです。したがって、**課題とスキルの両方が高いレベルで、限界まで力を出す状況が必要です。**

もし課題がスキルを上回っていたら、人は不安を感じてしまうでしょうし、逆にスキルが課題を上回っていたら、退屈さを感じてしまいます（まるでどの学校にもいる秀才のように）。どちらの場合も、フローを引き起こすことはできません。

チクセントミハイ［1992年］は、フローという現象を研究するため、あらゆる分野のたくさんの人に聞き取り調査をしました。対象となったのは、チェスのプレーヤー、登山家、テニス選手、バレエダンサー、外科医など様々です。そして彼が達した結論は、フローは普遍的な体験であり、以下のような特徴を持っているということです。

●ゴールが明確で、進捗が即座にわかる。

たとえば競争では、自分が勝ち取るべきものや、自分がどの程度よくできているかがわかります。勝敗をはっきりと知ることができるのです。

●完全に集中している。

その瞬間していることに集中し、他のいかなる情報にも惑わされません。

●行動と意識の融合が起こる。

たとえばギター奏者は楽器と一体となり、奏でている音楽そのものとなります。その動きはまるで自動的で、何の努力もなく行われているように見えます（本当はそうではないのですが）。

●自己の認識や自意識を喪失する。

自分という意識がなくなることも、フロー中にはよく起こる現象です。しかし興味深いことに、フロー体験の後には自意識が強められ、人は以前よりも自分が大きな存在になったように感じます。

●コントロール感覚がある。

行っていることをコントロールしている感覚があり、失敗をまったく恐れなくなります。

●時間感覚のゆがみが生じる。

たいていの場合、予想よりもかなり速く時間が経過しています。しかし、逆のケースもあります。

●行動そのものに本質的価値を見いだしている。

行動そのものが目的であり、したいからしているだけです。他に目的があったとしても、それは多くの場合、ただの口実にすぎません。

さらにフローについて興味深いのは、実際のプロセスの中で感情がまったくといってよいほど欠落することです。フローの中では、人は感情を超越した状態になります。おそらく自己という意識がなくなるからでしょう。そして注目すべきなのは、**フローが起きた後、私たちはポジティブ感情の増加を経験する**ということです［セリグマン2002年］。

ナッシュ・ポポヴィックは、私と個人的に話している中で、自身のフロー体験を次のように述べました。

いい議論はしばしばフローをもたらします。そのとき、私は自分や周りの世界、時の経過を忘れ、会話に完全に没頭していました。万事が流れるように進み、チャレンジングであるけれど、困難すぎることはありません。真に充実した体験すべてにいえますが、人はフローの中にいるときにそのことを気づきません。終わって初めて、あれがフローだったことを知るのです。

このように考えると、「完全な集中力をもって人と行動が融合した状態では、通常必要とされるより少ないエネルギーで行動に従事することができ、より少ない努力でより大きな成果を上げられる」ということになります。この状態に達するためには一層の努力が不可欠ですが、一度達してしまえば、ほぼ努力なしで行動できるように感じられるでしょう。**このようにフローは、「多くの労力を必要とする問題を、少ない労力で解決する方法」と概念化することができます。**

フロー体験に結びつく行動は、**「自己目的型」**（autotelic）と呼ばれます（ギリシャ語で、

auto は「自己」、telos は「目的」)。それは、そのような行動が、**本質的に動機づけられた楽しいもので、最終的な成果ではなく、行動自体に目的があるからです。**

フローを引き起こす活動はたくさんあります。スポーツ、ダンス、芸術の創作活動や他の趣味、セックス、人との交流、勉強、読書、そして多いのが仕事です。実際、日常行っていることのほとんどは、大きな課題目標と高いスキルという条件を満たす状況があれば、**「最適経験」**（のちに記述。フローも含まれる）へつながる可能性があります［デレ・ファーベ＆マッシミーニ2004年a］。

一方、ほとんどフローにならないのは、家事をする時や、だらだらしたり、休息したりしている時です。また、ほとんどの文化圏では、テレビを見ることは最適経験にはつながりません。

最適経験に対しては、国を越えて同様の説明がなされているものの、文化や環境の違いによって、フローを起こすとされる行動のいくつかは異なっています。たとえばロマと呼ばれるジプシーの人々は、子どもや孫を育てることで頻繁にフローを経験しますが、それは他の文化圏では一般的ではありません。レジャー活動はしばしばフローを起こしますが、イランではそうでないと言われています。伝統的な社会に暮らす人々は、家事をしているときにフローになりますが、それはヨーロッパではまれなことです［デレ・ファーベ＆マッシミーニ２００４年b］。おそらくその社会的背景として、ヨーロッパでは、家事がどこか劣った活動と見なされているところがあるのでしょう。

　テレビを見ることは一般的にフローを起こさないと考えられていますが、目の不自由な人たちにとっては、メディアから情報を得ること（これもテレビを「見る」ことに含めます）は、最もフローに結びつく行動です。これは驚くことではありません。テレビは目の不自由な人のために作られたものではないので、テレビを「見る」ことは彼らにとってチャレンジであるからです。目の不自由な人たちは、見えない出演者たちを心の中でイメージしなければなりません。またネパールの人々も、メディアを最適経験と結びつけています。それは、自宅にテレビがないため、テレビを見ることがめったにない（そしておそらくは困難を伴う）機会だからでしょう［デレ・ファーベ＆マッシミーニ２００４年a］。

　これらの研究結果が示しているのは、どの活動が絶対的にフローと関係していて、どれがそうでないかとは明確に言えないということです。ある人にとっては「朝飯前」でも、別の人にはチャレンジとなりえます。つまり最適経験を得る機会は、私たちの主観的な認識にかかっているということです。

　それらをふまえた上で問題となるのは、西洋社会では大半の人が、フローを引き起こさない活動ばかり選んでいることです。先ほど述べたように、フローを起こすのに必要なのは、試練とスキルのバランスだけでなく、どちらも極限まで高度であることです。

たとえばテレビを見るときは、量子力学についてのドキュメンタリー番組でも見ない限り、低いスキルしか求められない小さなチャレンジであるため、たいていは無気力におちいります。それに対して、仕事では、テレビを見る時間よりも高いスキルが求められる大きなチャレンジを頻繁に経験します。しかし私たちは、仕事以外の行動を選びがちです。テレビを見るか、仕事をするか、選択肢を与えられたとき、なぜ私たちは仕事よりもテレビを選んでしまうのでしょうか。

チクセントミハイはこれを、「喜び」と「快楽」を区別することによって説明しています。**フローは「喜び」が究極に高められた状態かもしれませんが、少なくともフローを引き起こすには、努力や苦労が求められます。**それに比べればテレビのスイッチを入れるほうがはるかに簡単であるがゆえ、私たちはこの「快楽」を得られる活動に魅入られてしまうのでしょう。

ヒントとツール

無気力からフローへ

テレビを見る時間のせいで、他のやりがいある活動に没頭する可能性がどれほど奪われているか考えてみたことはありますか。テレビを見る機会を、週3回だけにしてみましょう。見る番組が終わったら、チャンネルを切り替えたりせずに、テレビを消してください。自分のする選択にきちんと意識を向けてください。見たい番組を、週の初めに選んでおき、それだけを見るようにしてください。

「自己目的型の活動」に加え、チクセントミハイは**「自己目的型の人格」**についても語っています。それは、**「後に達成される外的なゴールのためよりも、基本的に自分自身のために物事を行う人」**のことです［1997年117ページ］。そういう人は、頻繁にフロー状態へ達することのできるスキルを磨くことができます。そして好奇心、人生への興味、粘り強さが強まり、身勝手さが弱まります。自分自身のために物事を行うことや、本質的なモチベーションについては、後に本書の144～148ページで詳しく述べます。

ヒントとツール

フローを見いだすには

あなたをフローに導くことのできる活動を一つ決めてください。それはあなたが「本気の遊び」だと思っているものでもかまいません。その活動の難易度や複雑さを徐々に高めていき、あなたのスキルもそれに合わせて伸ばしていきます。活動が簡単すぎる場合は、さらに困難なものにしましょう。逆に難しすぎる場合は、あなたのスキルを高める方法を見つけてください。

◇フローの危険性

フローがよく知られた概念となり、理想の状態とされると、「フローとは本当にいつでも歓迎されるべきものなのか」と疑問を呈する人はほとんどいなくなっています。しかし実際には、フローが起きる活動には、道徳的によいものと悪いものがあります。たとえばギャンブル、特にブリッジやポーカーなどのゲームには、フローに必要な条件がすべてそろっています。ゲームはあなたの能力を試すものですし、勝つためには高いスキルが求められるからです。

道徳的にはよい活動や、よくも悪くもない活動（たとえば登山やチェス、テレビゲームなど）も中毒を引き起こし、それがなければ人生が退屈で、意味のないものに感じられることもあります。ソリティアのように単純でギャンブルではないコンピューターゲームを、多くの人が数分だけ息抜きのために利用しますが、それによって人生の大事な時間を奪われてしまうこともあります。これはフローを引き起こす活動が、選択できるものではなく、なくてはならないものとなったときに起きる現象です。

チクセントミハイ自身も、フローの危険性について、非常によく認識しています。彼は次のように述べています［1992年62ページ］。

フローを生む楽しい活動は、潜在的にネガティブな効果も持っている。それらの活動は心に秩序をもたらすことで、我々の存在の質を高めてくれるが、一方で中毒を引き起こすこともある。そうなると自己は一つの秩序にだけ捕らわれ、人生のあいまいなことに対処したがらなくなってしまう。

フローへの依存は、広い視野を失うことにもつながることがあります。仕事中毒になった管理職は、夜10時か11時までフロー状態で仕事をすることで、夕食を食べそこない、家族のことをおろそかにし、子どもたちにもおやすみを言う機会を失うかもしれません。

チクセントミハイ［1992年70ページ］は次のようにも述べています。

フロー体験は他のすべてのことと同様、絶対的に「よいもの」とは限らない。人生をより豊かで、濃密で、意味のあるものにする可能性を持っているときだけ、よいと言うことができる。自己の強みや複雑性を高める限りにおいて、フロー体験は好ましいものとなるのだ。フローのいかなる事例の結果も、より広い意味で好ましいかどうかは議論される必要があり、より包括的な社会基準の観点から評価されるべきである。

フローに関する問題には、どうしたらフローを起こせるかということだけでなく、どうしたらフローをコントロールできるかということもあります。つまり、**人生を豊かにするためにフローを利用し、それでいて必要な時には、フローから抜け出る方法を探ることも合わせて重要なことなのです。**

◇フロー以外の最適経験

フローは唯一の最適経験ではありません。人間性心理学者のアブラハム・マズロー［1908年-1970年］は、すべての人の人生で経験される**「最高の喜びに満ちた、刺激的な瞬間」のことを「ピークエクスペリエンス」**と名づけました。

その瞬間、私たちは自分自身をより完全で統合された存在だと感じ、自己に気づき、深い幸福感に包まれます。また、超越した感覚や畏怖、一体感を持ち、人生の有意性を感じることもできるでしょう。そして多くの場合、これらの経験はスピリチュアルな側面を持っています。

ピークエクスペリエンスは、しばしば強烈な出来事によって引き起こされます。それはたとえば、愛を感じるひとときや、偉大な芸術や音楽、圧倒されるほどの自然の美に触れること、はたまた悲劇的な事件に遭遇することなどです。

チクセントミハイがフローは誰でも経験できると述べたように、マズローはピークエクスペリエンスもすべての人が経験できる、しかし、自己実現を達成する人のほうがより経験しやすいと信じていました。夢中になること、自然発生的なこと、時間が失われることなど、ピークエクスペリエンスはフローとの共通点を多く持っていますが、相違点としては、滅多に起きず、自己意識は失われることなく存在して、ピークエクスペリエンスに関する多くの特質がまだ謎に包まれていることです［プリベット1983年］。

フロー体験は奨励されている一方で、マズローはピークエクスペリエンスそれ自体を探し求めるべきではないと警告しました。

私たちが人間存在の最適な状態を学ぶには、まだ長い道のりがあります。現時点では「マイクロフロー」の活動（落書きをするなど）や、個人でなく「共有されたフロー」（即興の音楽会のように個人より全体と合わせたほうが大きくなるフロー）、そしてプラトー現象（ピークエクスペリエンスが継続する状態）についてはほとんど明らかにされていません。ポジティブ心理学は、それらの複雑性や、人間としてのポジティブな経験を探索する学問となりえるでしょう。

推薦図書

『フロー体験入門―楽しみと創造の心理学』（ミハイ・チクセントミハイ著　大森弘訳）世界思想社

ゲイル・プリベット（1983）『Peak experience, peak performance, and peak flow：A comparative analysis of positive human experiences（ピークエクスペリエンス、ピークパフォーマンス、ピークフロー：人間のポジティブな経験における比較分析）」『ジャーナル・オブ・パーソナリティー・アンド・ソーシャルサイコロジー』45. pp. 1369-1379.

幸福と主観的ウェルビーイング

Happiness and Subjective Well-being

5

◇幸福の歴史

幸福は、何世紀にもわたって関心が寄せられてきたテーマです。古くは古代ギリシャ哲学で研究され、ポスト啓蒙主義の西ヨーロッパにおける道徳哲学（特に功利主義）を経て、現在では社会学、政治学、経済学においてクオリティ・オブ・ライフ（人生の質）やウェルビーイング（心身ともに健康な生き方）の研究が進められています［フェンホーベン1991年a］。

今日、概念としての「幸福」はほとんどの人に快く受け入れられているようで、金銭や道徳的な善、天国へ行くことを追求することよりも価値が置かれているようです［キング&ナパ1998年］。当然のことながら、過去30年間、特にポジティブ心理学が誕生してからは、心理学の分野でも幸福やウェルビーイングの研究が注目されるようになりました。

現在、ウェルビーイングの研究が盛んになっている背景には、いくつかの理由があります。

●西洋諸国では十分に豊かな生活を手に入れたため、生存の問題が人々の人生の主要な関心事ではなくなり、クオリティ・オブ・ライフは、経済発展の問題よりも重要になりつつある。

●個人主義が加速する流れの中、個人の幸福の重要性が増している。

●有効で信頼できる研究方法が多数確立されたことにより、ウェルビーイングの研究が、本格的で広く認識された領域として地位を固めた［ディーナー他2001年］。

◇誰が幸福なのか

では、いったいどんな人が幸福なのでしょうか。その答えは単純で、少し意外かもしれません。答えは、**「ほとんどすべての人が幸福」**なのです。

合計45カ国110万人を対象とした916の調査を照合した結果、0から10までの幸福度の平均値は6・75でした。つまり人々は、一般的に不幸よりも幸福であるといえます［マイヤーズ2000年］。たとえばアメリカ人の84〜89％は、幸福調査で自分たちは幸せなほうだと回答しました。ほとんどの国では幸福度が中間点よりもはるかに高くなっていますが、例外は旧ソ連圏の国々（ブルガリア、ロシア、ベラルーシ、ラトビアなど）で、それらの国では平均値が10段階のうち5のあたりにとどまっています［アーガイル2001年］。

◇誰が幸福ではないのか

幸福度が最も低くなる人たちのグループも、たいてい決まっていました。それはたとえば、最近パートナーを失った人、初めて心理療法を受けに来た人、入院しているアルコール依存症患者、新入りの受刑者、政治的弾圧下の学生などです。

◇なぜ幸福になるとよいのか

この問いに対する常識的な答えは「幸福は人をいい気持ちにさせてくれるから」でしょう。しかし、研究結果によると、幸福には他にも恩恵があることが示されています。それは**幸福感が、社交性や健康状態を高め、成功を呼び寄せ、忍耐力をあげ、人を支援する行動につながる**ということです。

興味深いことに、幸福感は創造性や拡散的思考を伸ばしてくれます。幸福はポジティブ感情に似て、新しいアイディアを促進してくれます。最近の研究によれば、幸福な人は、あまり楽しくはない仕事を、そうでない人より長時間継続できることがわかりました（あなたの上司に言ってやりましょう。最も幸福な社員だけが退屈な会議に出席するべきだと）。また、幸せな人のほうが同時に複数の作業をこなすことができ、手際がよく、細部に気を配れることが明らかになっています［ディーナー２００１年］。健康に関していえば、幸福は免疫システムの機能に有益な効果をもたらすことが知られています。実証研究では、幸せな人は風邪にかかりくいこともわかりました［コーエン他２００３年］。

さらに興味をそそるのは、ウェルビーイングが寿命に関係しているという事実です。ある研究では、女子修道院に入る18歳の修道女たちの応募書類を材料とし、幸福に関する表現がどの程度使われているかを調べました。特筆すべきなのは、この研究の対象になった修道女たちはその後、修道院にて同じような節度ある生活を送っていたという点です。彼女たちは皆、喫煙や飲酒をせず、バランスの取れた食生活をし、教師として働いていました。

研究によって示されたのは、18歳時の書類に表現された幸福感が、寿命を予測するという結果です。85歳になった時点での生存率が、幸福の度合いが上位25％に入っていた修道女たちが90％だったのに対し、幸福度の低かった修道女たちは34％でした。94歳になった時点でも、幸福度が高かった修道女の半数以上（54％）は存命でしたが、幸福度が下位25％に入っていた修道女ではたったの11％となっていました。この調査結果によると、幸福感はあなたの寿命を9・4年も伸ばしてくれるのです［ダナー他2001年］。

◇人生の満足度に関するテスト

ここでまた、ご自身でテストを受けてみたいと思いませんか。もし答えがイエスなら、以下の指示に従ってください。

次の文章に、あなたはどれくらい同意できるでしょうか。与えられた1点から7点までの点数で、それぞれの主張にどの程度同意できるかを示し、空欄に数字を書き込んでください。正直に答えてみましょう。

ほとんどの点において、私の人生は理想に近い
私の人生の状態は極めてよい
私は人生に満足している
これまでのところ、人生に望む重要なものは手に入れた
自分の人生をやり直せるとしても、変えたいことはほとんどない

□□□□□

1点　まったく同意しない
2点　同意しない
3点　あまり同意しない
4点　どちらともいえない
5点　やや同意する
6点　同意する
7点　強く同意する

それでは、5つの数字をすべて足して、合計点を出してみましょう。合計点は5点から35点の間に入るはずです。このテストの結果は、あなたが今、人生にどの程度、満足して

いるかを示しています［ディーナー他1985年］。合計点が15点から25点までに入れば平均的と考えられ、14点以下だと人生の満足度が平均を下回ることになります。もし26点から35点に入っていたら、あなたはおそらく、とても人生に満足していることでしょう。

では先を読み進めて、人生の満足度と、その満足度が幸福に果たす役割を学んでいきましょう。

◇幸福とは本当は何なのか——主観的ウェルビーイングの科学

幸福とは、客観的、主観的に測ることができるものなのか、または測られるべきものなのかということについては、心理学の分野で大きな論争となっています。ある研究者たちは、どういった行動が幸福と関連しているのかを確実に示す手立てがないことを理由に、幸福を客観的に測ることはとうていできないと主張しています。社交的で気さくであることは、幸福な人によく見られる特徴ですが、幸福でない人がそんなふりをしているということもあるからです。

それに対して、ノーベル賞受賞者のダニエル・カーネマンを含む他の研究者たちは、幸福を客観的に測ることは可能だと信じています。その方法とは、一定期間にわたり、人々の気分を何度も測定して、その平均から幸福度を推測するというものです。このやり方なら、幸福度の測定は、記憶や回顧的な評価に縛られる必要はなくなります［カーネマン１９９９年］。しかしながら、現在は主観的な理論による枠組みが優勢のようですし、ここでも主観的な測定方法に焦点を絞ることにしましょう。

この章ではこれまで、「幸福」と「ウェルビーイング」を同じ意味あいで使ってきました。それは、研究論文では「幸福」という言葉の代わりに「主観的ウェルビーイング（ＳＷＢ）」の概念が用いられるからです。主観的ウェルビーイングとは、人々が自身の人生を「認知的」に、そして「感情的」にどのように評価するかで構成され、次のように定義することができます［ディーナー２０００年］。

◇主観的ウェルビーイング＝人生の満足度＋感情

まず、主観的ウェルビーイングの認知的な部分は、「人生の満足度」で表されます。人生の満足度とは、自分自身の人生に対する評価のことです。現実と理想（自分にふさわしいと思う状況）との間に、食い違いがほとんど、あるいはまったくないとき、人は満足感を抱きます。一方、現在の状況と理想の間に大きな溝があるときは、不満を感じてしまいます。また、自分と他人を比較したときも、結果として不満が生まれることがあるでしょう。「感情」は、主観的ウェルビーイングの心情的な側面を表します。「感情」という概念（第2章で記述ずみ）は、私たちの日常の経験に結びついている、ポジティブ・ネガティブ両方の気分や心情で構成されるものです。

常識的に考えれば、私たちは強烈なポジティブ感情を頻繁に感じ、ネガティブ感情をほとんど持たないときに、最も幸福を感じるはずだと思えます。しかし研究では、これは必ずしも正しくないことがわかりました。**研究結果によると、ポジティブ感情を頻繁に経験することは非常に重要ではあるものの、強烈なポジティブ感情自体はウェルビーイングに必ずしも必要でないことが証明されたのです。**強烈なポジティブ感情を経験すると、たいていその後には気分の落ち込みを経験するという代償を払わなければなりません。また、強烈なポジティブ感情は、その後に続く（たいてい、それほど強烈でない）ポジティブな経験の評価にマイナスの影響をもたらすこともあります［ディーナー他1991年］。

◇現実問題として、幸福度を高めることは可能か

たくさんの理論が主張するところでは、人の幸福の度合いを永続的に上昇させることは不可能だとされています。

その理論のうちの1つはいわゆる「ゼロサム理論」です。ゼロサム理論によると、幸福とは循環的なもので、幸福な時期と不幸な時期が交代でやってくるといいます。つまり幸福度を高めようとしても、その後に続く不幸な時期によって、すぐにフラットな地点に戻されてしまうというのです。

また別の理論では、幸福感は固定された特性で、それゆえ簡単に変化を受けないとされています。ただし、幸福感は青年期や成人期の初期には、それほど安定していませんし、人生の大きな変化によって影響を受けることもあります。したがって、幸福度は最初から固定されているというよりは、「年々、固定されていく」ということができます［フェンホーベン1991年a］。

「適応理論」によれば、幸福は人生のネガティブ／ポジティブな出来事に影響を受けるものの、その後すぐに基準点に戻るといいます。宝くじの当選者の幸福感はすぐに通常レベルに戻りますし、下半身マヒや四肢マヒになった患者は、状況にうまく適応し、以前の幸

福レベルに近いところまで戻ることができるようです［ブリックマン他1978年］。この現象は「ヘドニック・トレッドミル（快楽のランニングマシン現象）」と呼ばれます。

研究では、直近の2〜3カ月に起きた出来事のみがウェルビーイングに影響することがわかりました［ソ他1996年］。ただ、人が宝くじの当選と脊髄の損傷の両方に適応できるとはいっても、完全には適応できない状況（たとえば未亡人となることや、長期にわたって無職であることなど）もあることが判明しました。［セリグマン2002年］。

セリグマンは、たくさんの学者たちの研究結果を考慮し、幸福の公式を導き出しました。その公式とは**「H＝S＋C＋V」**です。**Hが表すのは幸福（Happiness）、Sはあらかじめ設定された範囲（Set range）、Cは環境（Circumstances）、Vは自発的にコントロールできる要因（Factors under Voluntary Control）**です。

Sは遺伝的に決定された幸福レベルで、生涯にわたって比較的安定しており、人生の重大な出来事の大半を経験しても、すぐに元のレベルに戻ります。Sは幸福度の約50%を決定づけます。**C**は、私たちがこれまでに考えてきた環境のことです。これは幸福度の10%にしか影響を与えません。すなわち、幸せになりたければ結婚したり、教会に行ったりすることは奨励されますが、もっとお金を稼ぐことや、健康でいること、教育を受けることや、天候のよい地域に引っ越すことにこだわる必要はありません。最後に、自発的にコントロールできる要因（V）とは、意図的に選択できる、努力を要する行為を指します。これは幸福度の40％を占めます［セリグマン2002年］。

もちろん、この公式は完璧とは言えません。リンゴとナシのように、遺伝子と結婚とはまったく別物ですから、一緒に足して合わせることはできないかもしれません。それでもなお、この公式は、私たちが幸福度を操作できる可能性と余地が40％もあることを示してくれているのです。

◇幸福に重要なものと、そうでないもの

次のうち、あなたは幸福になるためにどれが重要だと思いますか。お金、友人、子どもを持つこと、結婚、外見、健康、より気候のいい場所へ引っ越すこと……。あなたの年齢はどうでしょうか。教育レベルは重要でしょうか。あなたの住む地域の安全性はどうですか。

世の常識では、客観的な環境こそが、人生に対する満足の源として最も有力だと考えられていますが、それが当てはまらないこともよくあります。**私たちが非常に重要だと考え、人生の長い歳月を犠牲にしても手に入れようとしている多くの状況は、実は幸福との関連**

性があまり強くありません。次の**表5－1**は、幸福との相関関係があるものについて研究で明らかになったことをまとめています。あなたが予想していたとおりだったか、比べてみましょう［アーガイル2001年］。

ただ、ここで1つ、気をつけなくてはいけないことがあります。原因と結果を明らかにすることは、容易ではありません。これらの相関関係を示すものは、幸福の原因であるとよく考えられていますが、もしかすると結果ということもありえます。たとえば、よい友人を持つことは幸福をもたらすかもしれませんが、幸せな人にこそよい友人が集まってくるのだと考えることもできるでしょう。

◇幸福と人間性

デネブとクーパーが148の研究を比較分析したところ、研究された137の人格上の特徴（1996年時点）のうち、以下のものがやや幸福の予測因子となりえることがわかりました。

それは、**人に対する信頼感、感情の安定、コントロール意識（自分に起きることは自分の努力の結果であり、運やチャンス、運命によるものではないと考えること）、コントロール意欲、忍耐力（物事は自分の管理下にあり、腹をくくって挑戦しているという感覚）、緊**

表 5-1　研究で明らかになった事実

主観的ウェルビーイングに関係しているもの	主観的ウェルビーイングにあまり関係がないもの
●楽観主義	●年齢（これには相反する研究結果もあります）
●外向性	●外見的な魅力
●社会的なつながり（親しい友人がいること）	●お金（いったん基本的な必要性が満たされると、非常に裕福な人と一般の人との差は小さくなります）
●結婚していること（結婚は同棲よりも幸福度を高めます。しかし個人主義的な社会では、同棲も幸福感をあげる予測因子とみなされています）	●性別（女性のほうが落ち込む頻度が高いものの、同時に男性より陽気であることも多いのです）
●情熱を傾ける仕事があること	●教育レベル
●宗教やスピリチュアリティー	●子どもを持つこと（後の項目でさらに詳しく説明します）
●趣味	●より気候のいい地域へ引っ越すこと（実のところ、オーストラリアに引っ越してもあなたの幸福感は 1～2%しか上昇しません）
●よい睡眠と運動	●防犯
●社会階級（ライフスタイルの違いと出来事へのよりよい対処法という点で）	●住居
●主観的な健康（あなたが考えている、自分の健康状態）	●客観的な健康（医師の診断結果）

張を感じにくいこと、自尊心、神経症的傾向（過度の不安）がないこと、外向的（社交的）、同調性（他人と容易に仲良くできること）でした。そして、人生の困難に対しては、抑圧という防衛機能を働かせる特徴があることがわかりました。

こうした人格特性の中には比較的変化させやすいものもあり、それによって多かれ少なかれ幸福度を増幅させることができるかもしれません。とはいえ、たとえば外向性の度合いを変えることは、実際のところ非常に困難なのですが。

◇幸福と人間関係

幸福と相関関係があるだけでなく、幸福を増幅させるものとして特に有力なものの1つは、社会的な人間関係です。実際、私たちは幸せになりたければ1日あたり6〜7時間を人との交流に費やす必要があり、もし仕事で重大なストレスを抱えていれば、9時間程度まで人と関わらねばなりません［ラス&ハーター2010年］。これは外向的、内向的に関わらず、すべての人に当てはまることです［フロー他2007年］。

ディーナーとセリグマン［2002年］は、とりわけ幸福を感じている人々（222人の大学生のうち10％）を研究した結果、最も幸せな学生たちとそうでない学生たちの間には、たった1つだけ大きな違いがあることを突き止めました。幸福度がとても高い人たちは、豊かで充実した社会生活を送っていたのです。

彼らは独りで過ごす時間が最も少なく、友人たちとよい関係を築き、恋人と呼べるパートナーがいました。彼らは他の人よりも少なくネガティブな出来事を経験しているとか、ポジティブな出来事をより多く経験しているとかというわけではありません。睡眠時間やテレビの視聴時間、運動や喫煙、飲酒の量の差もありませんでした。また意外ではないと思いますが、性交渉の頻度も、幸福度に大きく関係していることがわかりました。

結婚はたいていの場合、幸福度を急速に上昇させます。結婚後、しばらくすると残念ながら幸福度は下がり、新婚当時の水準に戻ることはありません。しかしそれでも、幸福度は結婚する前よりは高いレベルにとどまります。したがって結婚は、幸福度の基準点を、それほど大きくはないものの引き上げてくれるといえるでしょう。しかしながら、夫婦関係がうまくいってないときには、未婚の人や離婚した人より幸福度が下がることがあります。

◇幸福に関する興味深い事実

●経済的に豊かな国々では、過去50年間に実質所得が劇的な上昇を見せましたが、幸福度のレベルは横ばい状態です［イースタリン他1995年］。

●裕福な国の人々は貧しい国の人よりもずっと幸福なように見えますが、これはいくつかの国（たとえばブラジル）には当てはまりません［ディーナー他1995年］。

●デンマークとコスタリカは、地球上で最も幸福な国の座を争い続けています［ヘフロン＆ボニウェル2011年］。

●富を得ようとすると、幸福度は下がります［カッサー2002年］。

●年収が1万ドル増えても、幸福度は約2％しか上昇しません［クリスタキス＆ファウラー2009年］。

●他者にお金を使うことは、幸福を増大させます［ダン他2008年］。

●教会へ通っている人は幸福度が高く、長生きします。ただしこれには、宗教団体に所属することで、社会的な支えを得られるからだという説明も可能です［チャロッキ他2008年］。

●子どもを持つことは幸福度を高めるわけではなく、4歳以下の子や10代の子どもを育てることはかえって幸福度を下げてしまいます。しかしそうはいっても、子どもを持つことはあなたの人生をより意義深いものにしますし、子どもがいる人のほうが長生きする傾向にあります［コブリン&ヘンダーショット1977年］。

●子ども時代のよい環境は、遺伝的に幸福を感じやすい子どもより、遺伝的に幸福を感じにくい子どもに、よい影響を及ぼします［ベルスキー&プルース2008年］。

●幸せな人と一緒に過ごすと、あなたの幸福レベルも上昇します［クリスタキス&ファウラー2009年］。

●メロドラマを見ることは、ウェルビーイングに貢献します［アーガイル2001年］。

●人生の客観的な環境をすべて足しても、わずか10％しかウェルビーイングに影響を及ぼしません［ディーナー1999年、ライアン&デシ2001年］。

推薦図書

『つながり　社会的ネットワークの驚くべき力』（ニコラス・クリスタキス&ジェイムズ・ファウラー著　鬼澤忍訳）講談社

エド・ディーナー&ロバート・ビスワス＝ディーナー（2008）『Happiness：Unlocking the mysteries of psychological wealth（ハピネス：心理的富裕層の秘訣を探る）』

すごい！　自分の幸福度の 40%を操作できるなんて！
でも、何をしたらいいだろう？

［カー 2004 年、マイヤーズ 1992 年、セリグマン 2002 年、
シェルドン＆リュボミアスキー 2004 年］

ユーダイモニックな幸福
幸福は必要条件なのか？十分条件なのか？
Is Happiness Necessary or Sufficient? The Concept of Eudaimonic Well-being

6

◇幸福に近づく道に関して

「よい人生を送るためには、『幸福』だけで十分なのか」

この問いは、ポジティブ心理学の中で、ますます関心を集めています。いい気分を味わっているかどうかが、人のクオリティ・オブ・ライフの物差しとして十分でしょうか。私たちが誰かの幸福感を測ろうとするとき、私たちはその「主観的な幸せ」の定義を本当にわかっているのでしょうか。

多くの研究者たちの答えはノーです。彼らによれば、現在のウェルビーイングの定義は、ほぼ偶然に生まれたものだというのです。研究者たちは最初、様々な介入治療の効果を把握するために、ウェルビーイングを測るアンケートを作りました。そしてそのアンケートからウェルビーイングの定義を導き出したのです。その際、それが本当に人間のウェルネスや、幸福の奥深さを捉えきれているかには、大きな関心を寄せませんでした［リフ&キーズ1995年]。

ウェルビーイングについて述べた現在の論文では、マズロー、ロジャーズ、ユング、オールポートといった人間主義的・実存主義的思想家たちの貢献が、ほとんど無視されているといっても過言ではないでしょう[マクレガー&リトル1998年]。また、哲学における複雑な幸福の概念にも、心理学はあまり関心を寄せていません。心理学が存在するよりもずっと前から、哲学ではこのテーマが扱われていたというのに、です。

人は何のために生きているのか、生きる意味は何か、自分の存在意義は何かを知らずに、本当に満たされることができるのでしょうか。人は自分の何かを変えようとわずかな努力もせず、人として成長・発展することもなしに、本当に幸せになれるのでしょうか。ウェルビーイングに関する現在主流の理論には、これらの視点(成長や自己実現、意義といった概念)が抜け落ちてしまっているのです。

ウェルビーイングの現在の理論では、あくまで最小限で、どちらかというと偏ったウェルビーイングの概念が呈されています。**実際、それらの理論で実によく述べられているのはヘドニズム(快楽主義)、つまり、最大限の喜び(ポジティブ感情)と最小限の苦痛(ネガティブ感情)を追求する考え方です。**

こうした**快楽的(ヘドニック)**な視点は、ギリシャの哲学者アリスティッポスにまでさかのぼることができます。彼は、人生のゴールとは最大限の喜びを経験することだと唱え、この概念は後に功利主義の哲学者たちに引き継がれました［ライアン&デシ2001年］。

◇ヘドニックな幸福に代わるもの

近年、「よい人生」をめざす別のアプローチが、歴史的・哲学的残骸の中から掘り出されました。そのアプローチとは**「ユーダイモニックな幸福」**の概念です。

ユーダイモニア（「ダイモン（真の性質）」から派生した言葉）の概念を作り出したのはアリストテレスでした。彼は「幸福」を低級な概念だと見なし、すべての欲望には追い求める価値があるわけではないと強調しました。**欲望のうちのいくつかは快楽をもたらすものだとしても、「よい人生」に結びつくものではないとし、「真の幸福とは、徳のある人生を生き、価値ある行為をすることによって得られる」としました。**

アリストテレスは人間の潜在的可能性を実現することこそ、人間の究極のゴールだと論じたのです。著名な思想家たちは、時を経て、この考え方をさらに発展させていきました。代表的なのは、自制の価値を強調したストア学派、幸福は分別をもって追求されるべきだと説いたジョン・ロックです。

人間性心理学と自己実現傾向

人間性心理学者、たとえばマズロー（欲求段階説を提唱したことで有名）やロジャーズは、おそらく20世紀最初の「ユーダイモニスト」でした。人間性心理学は、１９６０年代、「刺激に反応する機械」に人間をおとしめた悲観的な精神分析や、外部から観察できる行動のみを研究対象にすべきだとする行動主義が横行する中から生まれました。

人間性心理学の前提となるのは、人間には自由意思があり、自分自身のウェルビーイングに影響を与える選択をするということです。また、人間性心理学が他の心理学の視点と大きく異なるのは、**人間には「自己実現傾向」、すなわち成長へ向かう根源的なモチベーションが備わっている**と信じていることです。この概念を生み出したロジャーズ［１９６１年351ページ］は、自己実現傾向を次のように説明しています。

　自己実現傾向とは、人が自己実現をしようとする傾向、潜在能力を発揮しようとする傾向のことである。

　これは、人間を含むすべての生物ではっきりと見られる方向性だ。拡張し、成長し、成熟しようとする衝動であり、潜在能力を表現し、活性化しようとする傾向である。

この傾向は、外皮で覆われた心のディフェンスの何層も下に、深く埋められていることもあるかもしれない。その存在を否定する精巧な外観の裏に隠されていることもあるだろう。

しかし、私は経験上、確信している。自己実現傾向はすべての個人に備わっていて、解放されたり、表現されたりするのに適した条件が整うのを、待っているだけなのだ。

◇ユーダイモニア理論の下にあるものとは

もしあなたが、「ただ気分がよいだけでは、よい人生を送るのに十分でない」という主張に賛同してくださるなら、あなたはこの本のよき理解者です。比較的広義のユーダイモニアの概念の下では、数々のウェルビーイングの理論が共存を試みています。この章では、そのうちのいくつかをご紹介しましょう。

ヒントとツール

ダイモン（真の性質）を行動に移す

ダイモンは、各人の潜在能力を発揮し、実現し、最大の充足感を得ることに関連していています。自らのダイモンに沿って生きる努力をし、ダイモンと日常の行為を一致させることによって、人はユーダイモニアを経験することができます［ウォーターマン1993年］。

心理的ウェルビーイング

「主観的ウェルビーイング」と「人生の満足度」（幸福感の中に含まれるもの）の違いをどうにか把握できたと思っていらっしゃるところかもしれませんが、ここで議論の中にもう一つ「心理的ウェルビーイング」を加えさせてください。

「心理的ウェルビーイング」とは、ウェルビーイングのモデルの1つで、心理学教授のキャロル・リフによって大々的に唱えられました［リフ&キーズ1995年、リフ&シンガー1998年、リフ他2004年］。彼女が「心理的」という用語を使ったのは、単に「主観的」がすでに使われているからでしょう。

リフは心理学の様々な分野で論じられている、たくさんの幸福へのアプローチを研究した結果、ウェルビーイングには6つの構成要素があると結論づけました。その構成要素とは、**「自己受容（自分自身や、自分の人生をポジティブに評価すること）」**、**「個人的成長」**、**「人生の目的」**、**「ポジティブな人間関係」**、**「環境管理（自分の人生や周囲の環境を効率的に**

管理する能力）」、そして「自主性」です。

このモデルはヘドニックな幸福感で示されているよりも、非常に幅広い内容を含んでいますが、果たしてそれは正しいのでしょうか。リフは自身のモデルにいわゆる実証的な根拠を出していますが、多くの研究者たちはそれに反する研究結果をあげています（「実証的な研究の結果」が必ずしも確固たるものではないことはもうすでにご存じのことでしょう）。他の研究者たちは、6つの構成要素はすべて、2つのカテゴリー、すなわちヘドニックなウェルビーイングとユーダイモニックなウェルビーイングに収まるとしました［マクレガー＆リトル1988年、ビテルショ出版年不明］。

心理的ウェルビーイングの構成要素は、どれも重要に見えることは確かですが、まだどこか個人的な思いつきのようでもあります。このモデルは、1つか2つの要素が欠けると本当に不完全になるでしょうか。もしくは「内なる調和」など、他の要素が加えられたら、さらに充実したものになるのでしょうか。

◇自己決定理論（SDT）

別のユーダイモニックなウェルビーイングのモデルである「自己決定理論（SDT）」は、

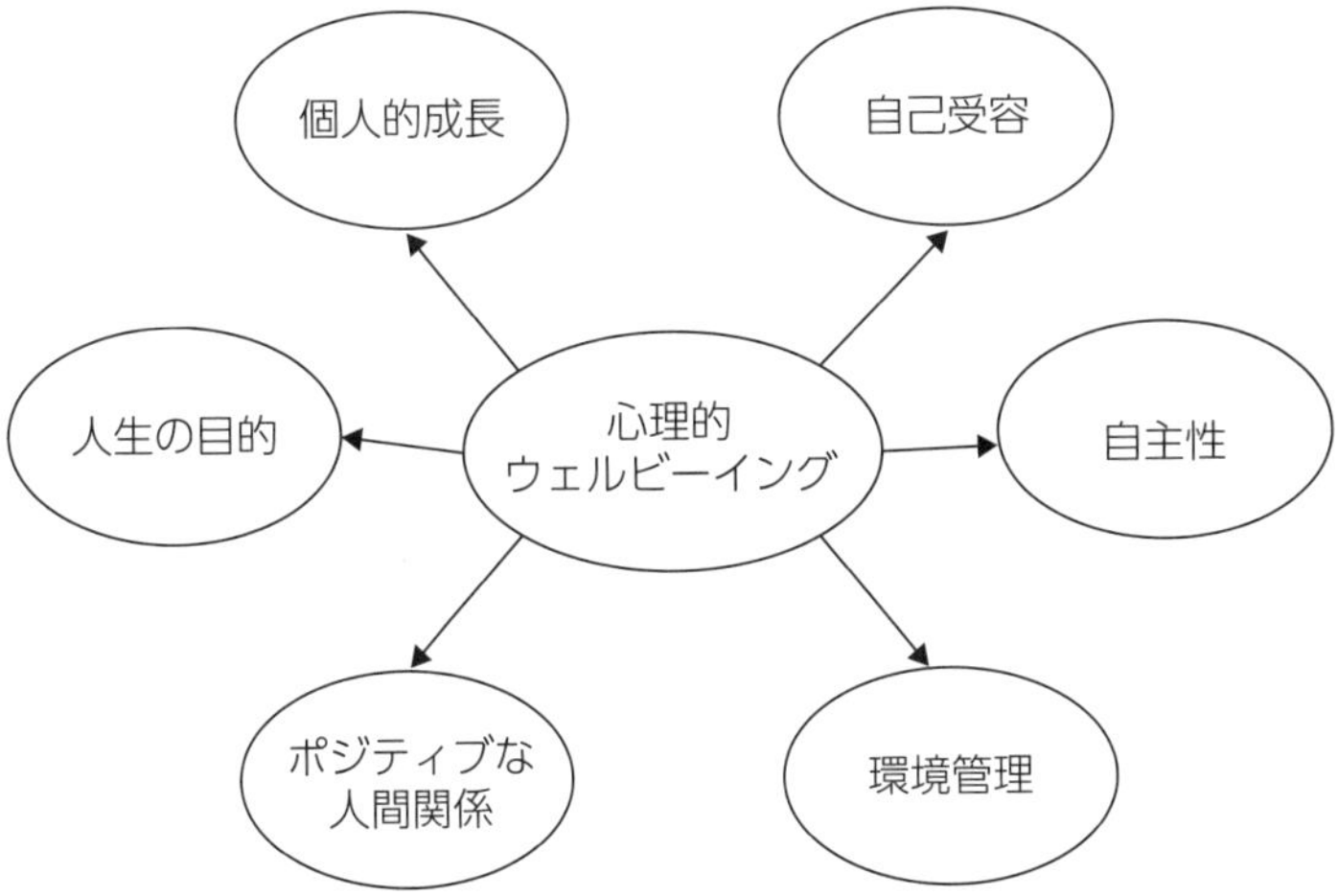

リフによる心理的ウェルビーイングのモデル

ライアンとデシによって作られました。このモデルでは、先天的な3つの根本的欲求の存在を主張し、それらの欲求は普遍的である（文化や時代を超えて共通している）としています。その基本的な欲求とは、以下のものです。

- **自主性**─自分が人生の主体者であり、行動を自分で選びたいという欲求
- **有能感**─自分のしていることに自信を持ちたいという欲求
- **関係性**─自主性や有能感を持ちながらも、親密で安定した人間関係を保ちたいという欲求

自己決定理論では、これらの欲求が満たされたとき、モチベーションやウェルビーイングが増幅し、逆にこれらの欲求が制限されたときは、人が適切に機能することに悪い影響が出ると主張しています［ライアン＆デシ2000年］。非常に多くの心理学者たちは、これら3つの欲求が最も基本的なものだと賛同していますが、しばしば**「自尊心」**も加えて言及されます。

ライアンとデシは、心理的ウェルビーイングと自己決定理論の間には大きな違いがあると唱えました。自己決定理論では、自主性、有能感、関係性がウェルビーイングを促進す

るのに対し、リフはそれらの概念をウェルビーイングの定義としてしか使用していないと主張しました。

◇他のユーダイモニック理論

チクセントミハイの**「自己目的」**という概念も、ユーダイモニックな幸福論の中で一定のポジションを確保しています。自己目的を持つ人（第4章参照）とは、しばしば自らのためだけの活動に従事し、頻繁にフロー状態を経験する人のことです。ユーダイモニックな幸福感の中にフローを含めることには、1つ問題があります。それは、チクセントミハイが述べたフローの特徴のいくつか、特に時間の感覚を失うことや個人的問題を忘れることとは、ユーダイモニックというより、ヘドニックな喜びと大きく関わっているように見えることです。

2000年代初期、ウォーターマンはユーダイモニアに**「個の表現」**という説明を与えました［ウォーターマン他2003年、ウォーターマン2008年］。彼によれば、ユーダイモニアは次のような活動に従事するときに経験されるといいます。それは、**「生き生きとした感覚をもたらす活動」**、**「本当の自分らしさを表す活動」**、**「熱心に打ち込める活動」**、**「自分**

の使命だと感じられる活動」、「**自分自身を完全で充実した気分にさせる活動**」です。

興味深いことに、ウォーターマンはユーダイモニアの枠からヘドニックな幸福感を除外してはいません。彼は、ヘドニックな喜びには必ずしも個の表現が必要ではないものの、個を表現することにはヘドニックな喜びが伴いがちであると説きました。もしウォーターマンによる個の表現の説明が、フローの説明と遠く離れていないのだとしたら、ユーダイモニアとヘドニックな喜びの融合の発見は、先に挙げた「フローはユーダイモニアの一つの形にすぎない」という批判への反論となるでしょう。

ポジティブ心理学運動の立役者、マーティン・セリグマン［2002年］は、「真の幸せ」というモデルを提唱しました。そのモデルの中で彼は、幸せとは本当は何なのかを解き明かすため、「**楽しい人生**」、「**よい人生**」、そして「**有意義な人生**」を区別しています。楽しい人生とは「**ポジティブ感情（Positive emotions）**」の追求に捧げられ、ヘドニックなウェルビーイングと並べられるものです。よい人生では、人は主たる性格の強みを利用して「**没頭した状態（Engagement）**」になろうとします。没頭した状態とは、フローと似て、活動に完全に熱中することです。最後に「**有意義な（Meaningful）人生**」とは、自分の強みを活用し、自分より大きなものに仕える生き方を指します。

2011年には、真の幸せのモデルが改良され、上記の3要素の他、2つの要素が新たに加えられました。それは**「達成（Accomplishment：自分自身のために成功と勝利を手に入れること）」**そして**「人間関係（Relationships：他者とつながること）」**です。５つのすべての構成要素の頭文字を取るとPERMAとなり、セリグマンの新たなウェルビーイングの理論はたいていこの名称で呼ばれています［セリグマン２０１１年］。

セリグマンは、フロー（没頭した状態）や人生の意義を追求することは、どちらもユーダイモニアに関わると主張しましたが、先に述べたように、フローをユーダイモニアの追求と関連づけるのが適切かどうかには、議論があります。セリグマンと同僚研究者らの調査では、人はヘドニックな活動（余暇、休息、遊びなど）に従事しているとき、たくさんの心地よい気分を経験し、より精力的になり、ネガティブ感情をあまり持たないことがわかっています。実際、ヘドニックな活動中は、人は、ユーダイモニックな幸福の追求をしている人たちよりも幸せを感じているでしょう。しかし長い目で見ると、よりユーダイモニックな生活（自分の潜在能力やスキルを伸ばしたり、何かを学んだりすることに取り組むなど）を送っていた人のほうが、人生に満足する結果となります［フータ他２００３年］。

ビテルショと同僚研究者たちは、**「機能的ウェルビーイング」**のモデルを提示しました。そのモデルによれば、ユーダイモニアが変化や成長を指し示し、促進し、困難な状況での行動を動機づけるのに対して、ヘドニアは安定性やバランスがとれていること、ホメオスタシス（恒常性）がきちんと働いていることを指し示して、それらを促進します。つまり**達成をめざす過程の状態がユーダイモニアであり、それを手に入れた状態がヘドニアであ****る**という違いです。その手に入れたいものが欲求であっても、目標であっても、概念的理解であっても、それは同じです。

ビテルショたちはまた、安定したヘドニックな志向とユーダイモニックな志向についても述べ、私たちの中にはヘドニックな傾向の強い人とユーダイモニックな傾向の強い人がいることも暗示しています。ビテルショは、これらの志向の根底にあると考えられる神経学的メカニズムについても考察しました。その結果、興味や新規探索傾向の基礎をなすドーパミン系はユーダイモニアを後押しする可能性があり、一方、喜びやホメオスタシスをつかさどる内因性オピオイド系はヘドニアを実際に支えているかもしれないことがわかっています［ビテルショ他2010年］。

この領域を掘りさげて、ユーダイモニックなウェルビーイングを定義しようとすればするほど、たくさんのバリエーションがあることがわかるでしょう。ユーダイモニックなウェルビーイングは、個人の発展と成長を通して、最も達成されやすいと主張する研究者たちもいれば［コンプトン他1996年］、人生の意義を見つけることによってたどり着けるとする研究者たちもいます［キング&ナパ1998年、マクレガー&リトル1998年］。いず

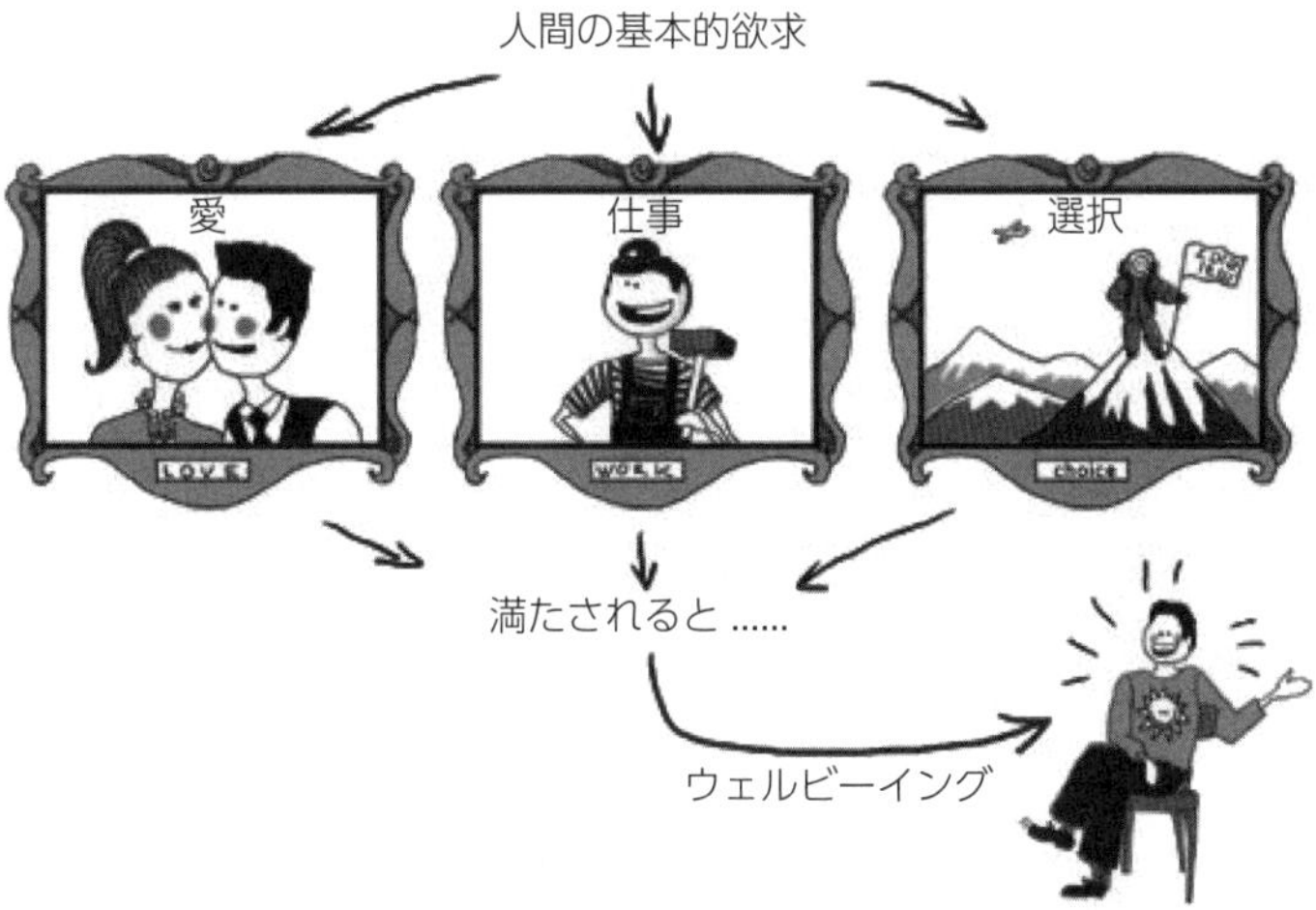
人間の基本的欲求
愛
仕事
選択
LOVE
WORK
choice
満たされると ……
ウェルビーイング

れにせよ、ユーダイモニックなウェルビーイング理論が大きな広がりを見せているにしても、研究者たちが皆同意しているのは、単なる快楽としての幸福以外に、まだ他の何かがあるはずだということです。

あなたは、ユーダイモニックな幸福に関する、「ちょっとした」問題にお気づきでしょうか。そう、実は、まだこの概念は、まったく混沌としているのです。ユーダイモニックな幸福は、あいまいに関連したたくさんの理論を包括する傘のような概念というよりは、快楽以外のものが何でも入った鍋のような概念なのです。

ではもう一度、この鍋の中をのぞいてみましょう。ある論文執筆者たちは、ユーダイモニアを「人間の潜在能力の実現」と定義し［ウォーターマン1993年］、またある研究者たちは、フロー状態を頻繁に経験することと関連づけました［チクセントミハイ1992年］。また別の研究者たちは、次のような定義を用いました。それは自己の本当の性質・真我の実現［ビテルショ2003年］、個人的成長、意義、リフが唱えた心理的ウェルビーイングの6つの構成要素［リフ&キーズ1995年］などです。セリグマンはユーダイモニアを、フローと意義の両方であると定義しています。実際のところ、ユーダイモニックな幸福とは何であるのか、誰か私に教えてくれませんか。

研究者たちが幸福の構造に光を当てようと努力しているにもかかわらず、ユーダイモニ

おっとっと……問題があるぞ

アの定義は、その図式をますます複雑なものにしています。あなたの真の性質を実現することは、個人的な発展と同等でしょうか。もし真の性質が、あなたを暴力へ駆り立てるとしたら、どうしたらいいのでしょうか。

成長は意義と同じでしょうか。キャロル・リフが成長と意義を区別したのは、おそらく正解だったでしょう。意義は個人的成長の中に見いだされるのはもっともですが、他者に仕えることや神を信じることにも見いだされたりします。したがって、成長と意義は同一視されるべきではありません。ポジティブな人間関係は、ユーダイモニックな幸福にとって重要でしょうか。おそらく答えはイエスですが、ポジティブな人間関係は幸福やヘドニックな幸福にとっても非常に重要なように見えます（第5章参照）。

人々は本当に、ユーダイモニックな幸福を、ヘドニックな幸福と違ったように経験するのでしょうか。ポジティブ心理学の批評家たちはこの点について、「もし感じ方が同じであるなら「2種類の幸福」の差は誇張にすぎない」と述べています［カシュダン他2008年］。

一方、2種類の幸福には違いがあると主張する人たちは、関心や没頭、ピークエクスペリエンスといった、ユーダイモニアに関連する特徴的な感情や感覚を特定しようと試みています。そして最後に、もしユーダイモニアとヘドニアが本当に別々の幸福の形態であるなら、それらの予兆となるものや結果にも異なるパターンがあるはずだと考えられるでしょう。つまり、何がユーダイモニアを引き起こし、その結果何が起きるのかが明らかにされねばなりません。

初期の研究では、**ユーダイモニアはヘドニックな幸福と違って、教育のレベルが関係していることがわかりました**（教育レベルが高いほど、ユーダイモニックな幸福を得られる）［ボニウェル&オーシン近刊］。さらに、ユーダイモニックな幸福を多く享受している人のほうが、**働くことに大きな満足感を得て、トラウマとなるような出来事からより早く回復できる可能性もわかりました**［フータ近刊］。

これらどこか矛盾する理論の数々や、私自身の研究結果を踏まえた上で、ご提案したいのは、ユーダイモニックな幸福は、次の2つの方法のどちらかを実践すれば達成できるということです。その方法とは、**「個人的発達」**と**「超越」**です［ボニウェル&オーシン近刊］。ですからまだ、読み進めるのをやめないでください。最後にはきっと、すべてが納得できるようになるでしょう。

◇個人的発達

「個人的発達」とは、変わろうと努力すること、自分自身や世界について理解を深めようと努力すること、人として成長し、自分で選んだ分野や生きる場所でより成功を収めようと努力することを意味します。個人的発達を達成する道は自己実現傾向の中にもありますが、傾向だけでは十分ではありません。**個人的発達はしばしば努力が必要とされるプロセスで、外的・内的にかかわらず試練や壁を乗り越えることを伴います。**

成長や、個人的な人生の変化は、いつでも喜ばしく感じられるものではありません［マズロー1968年］。研究者たちは、ポジティブな主観的変化でも、ポジティブ感情を減少させる場合があることを明らかにしています［キーズ他1968年］。

たとえばある研究では、心理療法を受けたことでよりうまく機能できるようになったと感じている相談者たちが、実際はうつ症状を強めたり、自己受容のレベルが低くなったりしていたにもかかわらず、同時に人として成長している実感を持っていたことがわかりました。これは、いかなる変化が起きる際にも、何かが失われることが原因です。たとえ失われるものが非生産的なものであったり、ネガティブなパターンであったりしても同様です。

人間性心理学の父の1人、カール・ロジャーズの研究によると、「よい人生」と考えられるものに向かって大きな進歩を遂げた人々は、必ずしも自分自身を幸せだとか満足しているとみなしていないことがわかりました。ロジャーズは次のように書いています。「よい人生とはプロセスであり、達成した状態ではないのだ」［1961年186ページ］。この主張は、ビテルショの機能的ウェルビーイングのモデルによく似ています。

ヒントとツール

個人的発達を促すワーク

あなたの方向性を明らかにするため、自分の10年後、20年後を想像してみてください。あなたはその時点で、どのような人になっていたいか、何をすればそれが達成できるか、考えてみましょう［ポポヴィック2005年］。

心理学者たちが発達を測ろうとするときによく注目するのは、その人が経験にどの程度オープンであるか、学ぶことにどの程度関心を持っているかです［ビテルショ出版年不明］。しかし常識的に考えれば、経験にオープンであることは成長するためだけでなく、喜び（ヘドニックなウェルビーイングの様相の1つ）を経験するためにも必要となることは明らかでしょう。**「学ぶことへの関心」**はとても重要な側面ではありますが、人間の発達を示す唯一の指標ではありません。では、発達のプロセスが起きているかどうかや、私たちが実際に成長しているかどうかを知るには、どうしたらよいのでしょうか。

研究によれば、**「責任を取ること」**と**「試練に立ち向かうこと」**はユーダイモニックな人格の重要な特徴であるといいます［ボニウェル&オーシン近刊］。「責任」が意味するのは、自分自身や自分の行動だけでなく、他者や環境、世界全体を気にかけることです。一方「試練に立ち向かうこと」は、個人の能力を最大限に伸ばす事柄から満足感を得ることを指します。つまり、努力しない人生とはまるで正反対なのです。

また、いくつかの要因によって、個人的発達は後押しされることがわかっています。それはたとえば、**「欲望を満たすのを遅らせること」**、**「不屈の精神」**、**「感情のコントロール」**です。「欲望を満たすのを遅らせること」がうまい人は、重要な目的、たとえば仕事を終わらせることなどのために、即座に得られる喜びを難なく先延ばしにできます。楽しみを取っておくことの効用は、心理学で最も有名な研究の1つである、スタンフォード大の「マシュマロ実験」でも明らかになりました。

1972年、ウォルター・ミシェルによって行われたこの実験では、就学前の子どもたちに、今すぐマシュマロを1個食べるか、15分我慢してマシュマロを2個獲得するかを選択させています。長期にわたる研究で判明したのは、誘惑に打ち勝つことができた子どものほうが、思春期に著しく能力を発揮し、学問でも高い成績を収めているという事実です

［正田他1990年］。さらに驚くのは、このようなアドバンテージが40年後にも維持されていたことでしょう。2011年の調査によると、欲望の満足を先延ばしにできた子どもたちは、その能力を大人になっても失っていなかった上、中毒性のある行動と関連している脳の特定領域に一貫した差異があることが認められたのです［ケイシー他2011年］。「不屈の精神」、つまり困難に直面しても努力を継続し、取り組み続ける能力は、学業や長期に渡る成功を予測する上でIQよりも重要性が高いことが、最近明らかになりました［ダックワース他2007年］。最後に「感情のコントロール」、すなわち衝動や感情を管理する能力は、個人的発達の基礎をなすもう一つの必須スキルといえます。

◇超越

超越とは、自分以外のものや人に献身し、自分の人生に目的を見つけ、その目的に合致した行動を取ることを指します。ただし、その目的というのは必ず、自分自身より大きなもの（子ども、意義のある仕事、より大きな共同体、信仰の道など）である必要があり、自分を見失うことなく、個を超えて、貢献しなくてはなりません。超越は、人生の客観的な結果や道徳的な生き方を通して、自己の人生を外の世界にもっと役立たせるように導いてくれるのです［フェンホーベン2000年］。

超越は、ユーダイモニックなウェルビーイングにつながる道ですが、個人的発達とは完全に別物です（その2つが共存できることには間違いないとしても）。たとえば、子どもを単に世話するだけでなく、完全に機能する人間として育てることに人生を捧げている母親は、少なくとも子どもたちが家を離れるまでは、自身の個人的発達に専念する時間など十分には取れないでしょう。ただし個人的発達と超越は共存することはできます。

超越は時に、いわゆるピークエクスペリエンスを伴うことがあります。ピークエクスペリエンスとは、強烈な美を感じたり、宇宙との一体感を味わったり、神秘体験をしたりする瞬間のことです（第4章参照）。

アリストテレス、リフ、セリグマン、マクレガー、リトルなど、多くの学者たちが、よりよい善をなすために、意義や目的、超越に言及してきました。それらに共通する「超越」という概念を紹介することで、数ある理論がより統合されることを私は願っています。

◇最後にもう1つだけ……

ヘドニックとユーダイモニックなウェルビーイングの話には、もう1つ言っておかなければならないことがあります。前章に出てきた、「人生の満足感」という概念を覚えていらっしゃるでしょうか。ユーダイモニックなウェルビーイングを説くたくさんの研究者たちは、人生の満足感は、ヘドニックな幸福のカテゴリーに入ると強く主張しますが、実際のところ、これが本当かどうかは疑わしいものがあります。人は確かに、幸福の追求を望み、うまく幸福を追求できていれば、人生に満足するかもしれませんが、よりユーダイモニックな志向に根差した人生を送ることを選択し、実際にそれができているときにも満足感を覚えるでしょう。

思い出してください。人生の満足とは、現状と理想の一致に過ぎず、どちらもその人が人生を主観的にどう認識しているかを反映したものです［ディーナー1984年］。したがって人生の満足感とは、現状に対する独立した主観的評価だと考えることができ、それがヘドニックとユーダイモニックのどちらに重きを置かれていたとしてもおかしくはないのです。

推薦図書

スーザン・デイビッド、イローナ・ボニウェル&アマンダ・コンリー（2012）『Oxford handbook of happiness（オックスフォード幸福ハンドブック）』

価値観、
モチベーション、
人生の目的

Meaning in Making：Values, Motivation and Life Goals

7

私たちを真に満たしてくれるものがわかったところで、他にも私たちを幸福に導いてくれるものを考えてみましょう。この章では、相互に関連する3つのトピック、**「価値観」**、**「モチベーション」**、**「人生の目的」**について考察します。それらはすべて、ヘドニックとユーダイモニック、両方のウェルビーイングを増大させる役割を担っています。

確かに、生物学的な欲求（安全、飢え、渇き）や心理的欲求（自主性、有能感、関係性）といった基本欲求が満たされることは重要ですが、人が最適に機能するためには十分ではありません。合理的選択をしたり、行動したりするためには、私たちは自らの「価値観」や信念を知っておかなくてはなりません。また、私たちが自分の選択した行動を起こそうとするとき、「モチベーション」が必要です。さらに、達成可能で、自分に深く関わり、自らの確固とした価値観を反映している「人生の目的」の設定が求められます。

◇価値観

価値観は私たちにとって大切なものです。価値観とは、私たちが深く抱いている信念で、たいていは幼少期のしつけによって心の内に形成されたり、年齢を重ねていくうちに決定していったりします。価値観は「欲求」とは区別されねばなりません。欲求は生まれながらに備わっていて、私たちが気づかなくても存在する普遍的なものです。一方、価値観は、習得や選択によって身につき、私たちの意識の一部をなし、個人特有のものといえます。また、欲求は非常に安定したものです。私たちは今日、何かを食べたいと思いますし、明日、もしくは今日のもっと遅い時間にも、同じように何かを食べたいと思うでしょう。一方、価値観は柔軟に変化します。生涯にわたり、まったく同じ価値観を維持できる人は、ほとんどいません。

価値観は、私たちがなぜ特定の行動を取るのか基盤を形成します。たとえば価値観は、私たちが欲求を抑制したり、逆に優先したりするのを助けてくれます。もし私たちがすべての事柄に同等の価値を置いたら、私たちはどこから手をつけてよいのかわからず、行動できなくなってしまうでしょう［ロック2002年］。

価値観が特に役立つのは、実際には好きでもないことをなぜするのか説明するときです。

おむつの交換自体が楽しいという人は滅多にいませんが、ほとんどの場合、赤ちゃんを世話することの価値は、私たちの好き嫌いの価値を上回ります（そうでなかったら、世の中はご機嫌の悪い赤ちゃんでいっぱいになってしまうでしょう）。

現代社会はもはや、信頼できて、説得力のある価値観を示してはくれません。私たちは、共通認識のない、いわゆる「多様な価値観がある社会」にいます［バウマイスター&ヴォース2002年］。私たちは他者の価値観が自分とは異なる場合もあることに気づき、それを受け入れ、それゆえに自分たち自身の価値観も自ら選んでいいのだと思うようになってきました。

価値観を失ったり、どんな価値観を選んでいいのかわからなくなったりすると、破壊的打撃を被ります。たとえば旧ソ連圏の国々では、人々の持っていた価値観がごく短期間で壊され、代わりとなる価値観すらないという驚愕の事態が起こりました。

シャローム・シュワルツは、普遍的である（文化を超えて共通している）と彼が信じる10の価値観を突き止めました。それらは、**「権力」**、**「達成」**、**「快楽」**、**「刺激」**、**「自律」**、**「博愛」**、**「善行」**、**「伝統」**、**「調和」**、そして**「秩序」**です［シュワルツ1994年］。実際のところ、このリストが包括的だとするシュワルツの主張を裏づける根拠が、研究でたくさん明らかになっています。

では、もしあえて問うとしたら、あなたは上記の価値観のうち、どれが主観的ウェルビーイングに関連していると思いますか。「自律」や「達成」は主観的ウェルビーイングに関係があるように思えますが、それはおそらく、自律や達成が自主性や有能感を強調してくれるからでしょう。一方、「伝統」や「調和」の価値観はウェルビーイングをあまり高めてはくれないようです。これは、それらがいわゆる「外的モチベーション」（この章の次のセクションで詳しく述べます）に依存しているからでしょう。

価値観は、しばしば不安と関連しています。もしあなたが、不安とはメンタルヘルスの領域のもので、ポジティブ心理学には何の関係もないと思っているのなら、それは誤解です。研究者たちは、不安を2種類に区別しています。それは「ミクロ不安」と「マクロ不安」です［ベーンケ他1998年］。

「ミクロ不安」は、あなた自身や、あなたに近しい人たちにまつわる不安をいいます（「面接にこぎつけられるだろうか」、「彼に捨てられたらどうしよう」など）。当然ながら、そのような不安はウェルビーイングのレベルを低下させます。さらに言えば、ミクロ不安を多く抱える人は、たいてい「権力」や「快楽」を価値観にしています。

一方**「マクロ不安」とは、社会や世界、普遍的な問題（アフリカのエイズ問題、アメリカの大統領選など）に関する不安**です。この種の不安を抱えるのは「博愛」や「善行」に高い価値を置く人で、彼らはミクロ不安を持つ人よりも高いレベルのウェルビーイングを享受しています［シュワルツ他2000年］。不安を持つことは、自己中心的にならないかぎり、実はあなたのためでもあるのです。

◇モチベーション

あなたはなぜ、朝起きるのでしょうか。どうして、ベッドに入ったまま、一日何もせずに過ごさないのですか。朝起きたり、仕事に行ったり、真夜中に勉強の本を開いたりする背景には、モチベーションという力が働いています。しかしこの力は、見かけほど単純なものではありません。

モチベーションには、基本的に2つのタイプがあります。それは「内的」と「外的」です。内的モチベーションは、目新しさや挑戦を追い求めたり、世界を探索したり、能力を発揮したりといった、人間に生来備わっているものです。私たちは内的に動機づけられているとき、他の何のためでもなく、ただ楽しみや興味から物事を行います。一方、外的に動機づけられているときというのは、たとえばお金を稼ぐために仕事に行くなど、何か他の目的のためとか、別の結果を得るために活動をしているときです。

ヒントとツール

内的モチベーションを喚起するには

難しさがちょうどよく、自分にはうまくやれると感じることができ、満足感を与えてくれるような活動をするとき、内的モチベーションが高まります［バンデューラ1997年］。

前章で触れた「自己決定理論」では、外的モチベーションをさらに4つのタイプに分類しています。それらは、「外部的」、「取り込み」、「同一化」、「統合的」です［ライアン&デシ2000年］。

●**「外部的」**　モチベーションが起こるのは、私たちが外部からの力に動かされていると感じ、報酬を得るか、罰を避けるかするために行動するときです。私たちは、その行動を「しなければならないから」行います。

●**「取り込み」**　モチベーションは、自己統制に基づいており、罪悪感や重圧、不安を避けるために行動させます。「もしやらなかったら悪いと思うから」行動する状態です。

●**「同一化」** モチベーションは、楽しいとは思っていなくとも、「重要だと思っているから」行動する状態を指します。

●**「統合的」** モチベーションとは、私たちがその行動の根底にある価値観に完全に同調していて、「その価値観が自分自身の一部になっているから」行動することをいいます。

モチベーションを一直線上に並べると、同一化モチベーションと統合的モチベーションは、内的モチベーションにとても近い位置を占めることがわかります。ということは、これらのタイプのモチベーションを高めれば高めるほど、私たちは行動を自分自身に強いなくてもよくなるということです。つまり同一化モチベーションや統合的モチベーション、そして内的モチベーションに近づくほど、自分を真に生きることになり、充実した人生となります。

ヒントとツール

内的モチベーションを高めるには

　できるだけ自分で多くの選択をする機会を設けてください。様々な状況についてあなたがどう感じるか、あなたの視点は他の人の視点と異なるのかどうか、確認してみましょう。そうすることによって、あなたの自主性が育ち、結果的に内的モチベーションも高まります。

「自主性」は、なぜ内的モチベーションにとってそれほど重要なのでしょうか。もし私たちが行動を比較的自由に選べるとしたら、その行動を取る理由を簡単に認識しやすくなります。しかし、もし行動を強要、強制されているように感じたら、モチベーションを内在化することは難しくなってしまうでしょう。内的に動機づけられるべき活動に対して報酬を与えることが、逆に能力や成果を低下させてしまう理由は、まさにここにあります。他の2つの基本的な心理欲求である**「有能感」**と**「関係性」**も、内的モチベーションを高めるためのメカニズムとなりえるでしょう。

ヒントとツール

子どもの統合的モチベーションを伸ばすには

子どもに宿題をするなどの望ましい行動をさせるには、報酬を与えたり、強制したり、おだてたりしてはいけません。そうしてしまうと、子どもは責任感を失ってしまいます。その代わりに、活動に対する意義ある論理的根拠を与え、活動をより興味深いものにし、困難に共感してあげましょう。そして、たくさんほめ、自主性を後押しし、関心を示したり、気遣ってあげたりすることが、自発的な子どもを育てるカギとなります［ブラウン＆ライアン2004年］。

◇人生の目的

ウェルビーイングは、「人生の方向性を選ぶ力」や、「意思を形成する力」、「望ましい道を歩んでいるかどうか確かめる力」に大いにかかっているようです［シュムック＆シェルドン2001年］。「人生の目的（ライフゴール）」は、「コアゴール」、「個人の努力目標」、「個人プロジェクト」、「ライフタスク」、「未来への野望」とも呼ばれ、動機づけとなる特定の目的であり、人生を方向づけます。

人生の目的は、欲求と同じものではありません。人生の目的は、意識レベルで形成されるもので、その人が持っている価値観とも別物です。また、人々の人生を長期間に渡って方向づけるため、短期的な目標とも区別されるものです。研究では、自分がどのような人生の目的を立てているか、それをなぜ追っているのか、それらの目的がどの程度自分の価値観と一致しているのかを知ることが、人生の質を高める助けになるとわかりました。

「自己一致モデル」［シェルドン1994年］によると、同一化、統合的、内的モチベーション（前セクションを参照）に基づいた目的を選択するとき、ウェルビーイングが高まるとされています。長期的な研究結果によれば、自己一致した目的（心から願っている目的）は高いレベルのヘドニックとユーダイモニック、両方のウェルビーイングに関与するだけでなく、それを達成するための努力をより続けやすくなることが証明されました。さらに、目的が達成されると、ウェルビーイングの度合いは高められます。自己一致した目的がウェルビーイングを促進する理由は、それが基本的心理欲求（前章を参照）を満たすからでしょう。

◇どのような目的がよいのか？

研究者によっては、ある種の目的は、他の目的よりもウェルビーイングに貢献すると考える人もいます。たとえば、人間主義者のエーリッヒ・フロム［1976年］は、**「ハビング志向」**（「所有すること」に重きを置く志向。たとえば、富や地位を得ること）と**「ビーイング志向」**（「あり方」に重きを置く志向。たとえば自己実現など）を明確に区別し、ビーイング志向を持つ人のほうが平均的に幸せであることを発見しました［フロム1976年］。それは、「おそらく、ビーイング志向の人はステータス不安に苦しむことがなく、所有欲の強い人に追いつこうとして時間を無駄にしないから」［ド・ボトン2005年］でしょう。

また、他の多くの研究者たちも、外的なゴール（経済的な成功、社会的に認められること、外見など）に焦点を当てるより、内的な願望（自己受容、所属、共同体感情など）を重視したほうがよいと考えています［カッサー&ライアン1996年］。外的な目的を追い求めると、自尊心が低下したり、ドラッグの使用が増加したり、テレビの視聴時間が増えたりしますし、より複雑で満たされない人間関係が生まれたり、自己陶酔的で競争心の強い態度での行動が目立ったりします。

しかしながら、他の研究（「価値観一致モデル」など）はやや異なる結論に達しました。

それによると、目的自体の内容はそれほど重要ではなく、その人の持つ価値観と、目的の一致が大切なのだといいます［大石他1999年］。このモデルでは、シュワルツの10種類の普遍的価値観（「権力」、「達成」、「快楽」、「刺激」、「自律」、「博愛」、「善行」、「伝統」、「調和」、「秩序」）が検証されました。大石と同僚らの結論では、外的な価値観（たとえば「権力」）であるか、内的な価値観（「善行」、「自律」など）であるかの差は、それぞれ幸福度の低い・高いには関連せず、価値観に一致したゴールや活動こそが満足感をもたらすとされています。

そのモデルによれば、もし誰かが金銭を重要視し、物質的な目的（お金、健康、運動能力、外見的魅力）を持ち、何とかしてそれらの資産や条件を得られたとしたら、そのような資産を重要視しない人よりも、満足感を得ることになります［ディーナー&フジタ1995年］。（そうはいっても、その人の満足感は長続きしませんし、得た条件や資産にはすぐ慣れてしまうことはもうご存じでしょう）

ですから、目的の内容自体（「所有」と「あり方」）が重要かもしれないのと同時に、目的がその人の価値観にどの程度一致しているかもまた、重要だといえます。

ヒントとツール

目的の葛藤を解決するには

目的が私たちの価値観と葛藤を起こすことがあります。これが「ゴールと価値観の不一致」です。しかしながら、目的というのは目的同士でも衝突することがありえます（たとえば、ある目的の達成が、別の目的の達成を妨げる場合など）。そのようなときは、対立する目的をじっくり検討し、折り合いをつけることができるかどうか探ってみるとよいでしょう。

目的を追うことがウェルビーイングにとってこれほど重要だというのに、人はなぜ、目的を追求しなくなることが多いのでしょうか。それにはいくつかの理由があります［フォード&ニコルズ1991年］。

まず1つ目は、追い求めようと決めた目的というのが、緊急で注意を引くようなもの（日々の雑用、行事など）でありながらも、あまり重要でないものが多いからです。2つ目としては、私たちは何らかの理由によってやり遂げられないことを恐れ、その結果、挑戦さえしないということがあげられます。そして最後に、時には追い求めることがただ困難だという理由があるでしょう。私たちは望ましい結果が得られる前にエネルギーを使い果たし、あきらめてしまうのです（例として、通信教育での脱落率が高いことがあげられます）。

ヒントとツール

次のような特徴を持つ目的を追求するときに、ウェルビーイングが高まります。

- ふさわしい、現実的、達成可能
- 進歩が感じられる
- 個人的に意義がある
- 全力を傾けられる
- 内的
- 共同体、親密な関係、成長に関係がある
- 自己調和的で、動機や欲求と一致している
- その人の文化圏で重要視されている
- 葛藤がない

［リュボミアスキー2001年］

お気づきかもしれませんが、この章では、目的がウェルビーイングにもたらす影響について述べるとき、ヘドニック（快楽）とユーダイモニック（個人的成長・超越）の区別をつけませんでした。それは、目的に関する研究の多くが、ウェルビーイングの伝統的な測定法（つまりヘドニック）を使用していたからです。しかし、ある種の目的を追いかけ、目的と価値観に内的な一致を持つことは、ユーダイモニックなウェルビーイングに対しても、強い影響をもたらすと思われる根拠がたくさんあるのです。

推薦図書

エドワード・デシ著　リチャード・ライアン編（2002）『The handbook of self-determination research（自己決定研究ハンドブック）』

時間と人生
Time in Our Lives

8

「時間」は、ほとんどの人、特に西洋社会の人にとって重要なテーマです。私たちは時間を節約したり、使ったり、無駄にしたりしています。そしていつも私たちは時間が足りないと思っています。今や**「時間飢饉」**という概念は、学術論文でも、メディアでもなじみ深いものとなりました［バンクス1983年］。

34％の人はいつもせかされているように感じ、61％は時間の余裕がないと答え、40％の人はお金よりも時間不足に悩まされています［ロビンソン＆ゴッドビー1997年］。時間というのは、困ったもので、いつも私たちの指の間をすり抜けていくので、私たちは時間をうまく管理しているというより、時間にせきたてられているように感じてしまいます。私たちは仕事で忙しいだけではありません。家でも、ゴルフコースでも、休暇中でも、いつでも忙しいのです。

もしあなたが科学者で、時間不足という問題を解決しようとするなら、どのようなことを提案しますか。表面的には、その答えはとても簡単なように見えます。働く時間をほんの少し減らして、自由な時間を少し増やせば、私たちを縛りつけている「busyness（仕事と忙しさと両方）」から解放されると思うでしょう。しかし、時間の使い方のパターンを研究している社会学者たちは、逆説的な結果を発見しています。過去40～50年の間には、私たちが望んでいるような自由時間の増加が、実際に起きているのです。この点については対立意見もあるものの、1965年以降、私たちの自由時間は平均して週5～7時間増えているそうです〔ロビンソン&ゴッドビー1997年、ペントランド他1999年〕。

そのことに、お気づきでしたか。もし気づいていなかったとしても、それはあなただけではありません。リサーチ結果では、労働時間の減少がはっきりと示されているにもかかわらず、人々は実際、働く時間が増えたと感じています。**私たちはより多くの時間を手にしたのに、感覚的には少なくなったと思っているのです。**興味深いことに、私たちの大半は、働くために費やす時間を大幅に過大評価し、手にしている自由時間は過小評価する傾向にあります。人々は平均して、自由時間を週20時間以下と見積もっていますが、それは実際過ごしている自由時間の約半分にすぎません〔サリバン&ガーシャニー2001年〕。

時間に関しては、もう一つおもしろいパラドックスがあります。それは、現在、私たちのレジャーにかける時間には矛盾する2つの傾向があり、受動的なレジャーが増加しているのに対して、能動的なレジャーに費やされる時間の密度が高まってきているということです。

私たちの自由時間を主に消費させるものは、何でしょうか。そう、テレビです。増加した自由時間はすべて、テレビの視聴に費やされていますが、テレビはそれほど喜びを与えてくれないばかりか、退屈、集中低下、能力低下、明晰な思考の欠如、フローの欠如をもたらします［チクセントミハイ1992年］。人々は自由時間の3分の1（週14時間以上）をテレビ画面の前で浪費していますが、彼らが一番楽しいと思う活動、たとえば他の人との交流や屋外での活動にかける時間は、圧倒的に少ないのです［ティレル1995年］。

さらに、人々が実際に能動的なレジャーに関わるときには、より少ない時間の中に多くの活動を詰め込むようになりました（この現象は「時間の濃密化」と呼ばれます）。私たちはもはや、1つの趣味に満足しません。社会の一員である私たちは、最大限によい活動を1つだけ選ぶのは嫌なのです。ゴルフだけを趣味とするよりも、ゴルフとテニスをしたり、セーリングや登山に行ったり、バンジージャンプやスカイダイビングをしたがります。短時間でできる活動をいくつも選び、手早く行い、組み合わせたりすることによって、1つ1つの活動にかける時間を減らしているのです。それによって、私たちはより多くのことを行えるようになったかもしれませんが、**その代償として、分断化され、時間に縛られていると感じてしまうのです**［ロビンソン&ゴッドビー1997年］。

私はラッセルの次の言葉を気に入っています。「余暇を賢く使えるようになることは、文明化の最後の段階だ。現状では、その状態に達している人はほとんどいない」［レイン1995年39ページ］。

時間不足に関する問題は、使える時間の量に原因があるとか、1日1時間を余分に絞り出すような時間管理によって解決するとかではありません。そうではなく、ウェルビーイングに貢献するような形で、時間のバランスをとる術を学ぶことが大切なのです。

それでは、いったい、どうすればいいのでしょうか。時間の有効な使い方とは、どういったことでしょうか。どうすれば、ウェルビーイングに貢献できるように時間を管理できるようになり、時間のプレッシャーから逃れ、時間を敵対視しなくてすむのでしょうか。どうしたら、自分の時間をコントロールしている感覚を取り戻せるのでしょうか。どのように仕事と余暇のちょうどいいバランスを見つけ、その両方に満足を見いだすことができるでしょうか。

この章では、時間の心理学の研究における2つのトピック、**「時間的視野」**と**「時間の使い方」**を取り上げ、時間を上手にコントロールするためのテクニックについて考えていきます。これらは、ポジティブ心理学の中心となる問い、「よい人生とは何か」に答えるための大きな助けとなるでしょう［セリグマン&チクセントミハイ2000年］。

◇時間的視野

「時間的視野」とは、取り巻く世界や、そこにいるあなた自身を見るときに、あなたがいつもかける眼鏡のようなものです。その眼鏡には、主に3種類のレンズがあります。それは、過去、現在、未来です。あなたは、今を大切にする人ですか。時々、過去にとらわれていると思うことはありますか。働くか遊ぶかを選ぶとき、将来がかかっているとすると、たいていは仕事のほうを選びますか。

時間的視野とは、私たちが決断を下したり、行動を起こしたりする際に、自分の過去、現在、未来のどれに焦点を合わせるかを表すものです。その視点は私たちの行動の様々な側面に大きな影響を及ぼし、学業、健康、睡眠、恋人の選択、その他多くの事柄を左右します。時間的視野は状況の力、たとえばインフレや、休暇、ストレスなどに影響を受けることもありますが、比較的安定した人格特性です。したがって人は、支配的な時間的視野を1つだけ持つ傾向にあります〔ジンバルド&ボイド1999年〕。

時間的視野は、主に5つのタイプ、「未来志向」、「現在快楽」、「現在宿命」、「過去肯定」、「過去否定」に分けられます〔時間的視野を測る尺度については、ジンバルド&ボイド1999年を参照〕。ではこれから、各タイプについて説明していきましょう。

「未来志向」が優勢な人は、将来の目標や報酬のために働こうと考え、しばしば現在の楽しみを犠牲にしたり、満足を先延ばしにしたり、時間を無駄にするような誘惑を避けたりします。未来志向の時間的視野を持つ人ほど、フロスで歯間掃除をし、健康的な食事をし、定期的に健康診断を受ける傾向にあることがわかりました。また、未来志向の人たちは、そうでない人たちより、成功を収めやすいこともわかっています。童話『3匹のこぶた』で、レンガの家を建てた3番目の子ブタは、オオカミに襲われる危険を十分に予測していましたから、明らかに未来志向の子ブタだったといえるでしょう〔ボニウェル＆ジンバルド2003年〕。

「現在快楽」の時間的視野を持つ人は、その瞬間を生き、快楽を求める人です。強烈な活動を楽しんだり、スリルや新しい感覚を求めたり、冒険を好んだりします。子どもたちはもともと、この現在快楽型です。残念なことに、現在快楽型の行動は、マイナスの結果をもたらすことがあります。このタイプの人は誘惑に屈しやすく、事実上すべての依存症（アルコールや薬物乱用など）に陥る可能性があるでしょう。また、危険な運転や事故、けが、学業や仕事上の失敗を招くこともあります。

「現在宿命」の時間的視野を持つ人は、無力感や絶望感を持ち、自分の人生は外的な力（運命的な力や政府の方針など）に支配されていると信じているのが特徴です。

過去の時間的視野では、家族や伝統、自身の一連の過去、そして歴史に焦点が置かれます。これはポジティブにもネガティブにもなりえます。**「過去肯定」**の人は、自分の過去を温かく楽しいものと認識し、しばしば感傷的で郷愁的に過去を思い出します。そして、家族や友人たちとの関係を維持することに価値を置くのが特徴です。古きよき時代について語るのも好きでしょう。**「過去否定」**の人は、過去にとらわれていて、自分が嫌悪感や不快感を抱いた経験ばかり思い出します。

人々と同じように、国や文化でさえ偏った時間的視野を持つことがあります。プロテスタントが主流の国や個人主義的な国では、カトリックが優勢な国や国家主義的な国よりも、未来志向が強い傾向があるでしょう。未来志向の強い国々は、強くない国々よりもたいてい、経済的に繁栄します。また、南の地域に住む人たちは、北に住む人より、現在志向が強くなります（南に住む人は、明るい太陽のもとで時間を過ごすことが好きだからかもしれません）。

◇時間的視野と、幸福という究極の目標

時間的視野のうち、どのタイプが最も幸福につながると思いますか。現在宿命と過去否

5匹の子ブタ

定は、明らかにウェルビーイングに貢献しません。たくさんの研究者たちは、未来志向こそが、ウェルビーイングや人間のポジティブな機能に欠かせないと主張しています［カハナ&カハナ1983年、カザキナ1999年、ウィルズ他2001年、ザレスキー他2001年］。しかし未来志向が行き過ぎると、仕事中毒になったり、友人や家族を顧みなくなったり、自分自身を大切にする時間もとらなくなったり、趣味にかける時間がなくなったりするでしょう［ボニウェル&ジンバルド2004年］。

別の研究者たちは、現在に焦点を当てた時間的視野こそがウェルビーイングの必要条件だと考えています。その代表的な研究者はショーペンハウアーやマズロー、チクセントミハイらで、彼らはその場その場の経験の重要性を強調しました。しかし、現在志向にもマイナス面はあります。たとえば、長期的な結果を無視したり、後になって「しなければよかった」という思いにさいなまれたりするかもしれません。

最近の研究では、予想に反して、未来志向型の時間的視野とウェルビーイングには関連が見られないという結果が出ました。それに対して、現在快楽型は、人生の満足度と穏やかな関連性を示し、ポジティブ感情とはさらに大きく関連すると言われています。現在快楽型が、喜びや興奮といった、現在の感情の最大化をめざしていることを考えれば、これは驚くことではありません［ドレイク他2008年、ボニウェル他2010年］。

ウェルビーイングに最もつながると判明した時間的視野は、過去肯定志向です［カザキナ1999年、ボニウェル他2010年］。過去肯定志向の人は、自尊心が最も強く、自分の過去や現在の生活に満足しています。しかしながら、この非常にポジティブな視点にも欠点があります。たとえば、過剰に保守的だったり、用心深くなったり、変化を嫌ったり、新しい経験や文化に寛容でなくなったり、たとえ自分がそれほど興味を持てないことでも現状を維持しようとしたり、新しい問題に古い対処法を当てはめようとします。それでも、過去肯定型の時間的視野を養うことが、本当に私たちにとってベストだといえるのでしょうか。

ヒントとツール

時間的な偏見を取り除くには

あなたの人生では、どの時間的視野が支配的ですか。その時間的視野は、状況への反応として、いつでも有効だと感じていますか。あなたの時間的視野の欠点は何だと思いますか。一度、いつものあなたとは、反対のことをしてみてください。たとえば、あなたがふだん未来志向型なら、少し休みをとってみることで恩恵が受けられるかもしれません。現在快楽型だったら、何か長期的な計画を立ててみるとよいでしょう。そしてもし、あなたがもし、過去肯定的な視点を強化したいのなら、昔の友人に電話をしたり、懐かしいボードゲームで子どもと遊んだり、古い写真アルバムをめくってみましょう。

バランスのとれた時間的視野

時間的視野の各タイプは個人的な価値をもたらすかもしれませんが、1つが過剰になって他のタイプを排除したり、最小化したりすると、機能不全に陥ることがあります。これまで見てきたとおり、成果を求めて「仕事中毒」になりえる未来志向型の時間的視野に焦点を置くにしても、快楽主義的な現在や郷愁的な過去（現代社会においては滅多に見られない時間的視野ですが）を軸にするにしても、どれか1つの時間的視野に偏ることには代償や犠牲が伴います。

そこで、「バランスのとれた時間的視野」という究極の目標が重要になります。バランスのとれた時間的視野は、特定の時間的偏見にとらわれない、もっともポジティブな手段として提案されているものです。「最適にバランスがとれた時間的視野では、状況やニーズ、価値観に応じて、過去や現在、未来という要素が混ぜ合わさったり、柔軟に関与したりする」と言われています［ジンバルド2002年62ページ］。

　では、バランスのとれた時間的視野を持つとは、どういったことでしょうか。私たちの研究によれば、バランスのとれた時間的視野を持つ人たちは、未来志向や過去肯定の時間的視野の割合が通常より高く、現在快楽の度合いは平均か、やや平均を下回るレベルで、過去否定や現在宿命の割合は低いことが判明しました。これが意味するのは、バランスのとれた時間的視野を持つ人たちは、自分のいる状況に適した時間的視野を採用できるということです。

　バランスのとれた人たちは、家族や友人と過ごすときには、お互いに気持ちを通わせたり、楽しんだりしながら、その時間を存分に味わいます。仕事を1日休むときには、ゆったりした気分で、しっかりと休息することができるでしょう。そして仕事や勉強をするときには、未来志向型の時間的視野で状況にアプローチするため、より生産的になります。

集中力や柔軟性、そして「切り替える能力」は、バランスのとれた時間的視野にとって不可欠な構成要素といえるでしょう。

　バランスのとれた時間的視野は、獲得するのが難しいものですが、ワーク・ライフ・バランスやウェルビーイングの感覚を得るカギとなります。私たちの研究では、バランスのとれた時間的視野を持つ人は、他の人たちよりもヘドニック・ユーダイモニック両面での幸福を味わい、人生の満足感やポジティブ感情、主観的幸福、楽観性、自己効力感、自己実現性、人生の目的、時間的能力が高いことが判明しました［ボニウェル他2010年］。

現在のところ、実証的な研究では証明されてはいませんが、バランスのとれた時間的視野は、ティム・カッサーが唱えた「時間的豊かさ」と関連しています。時間的豊かさとは、「時間的貧困」と対をなす概念ですが、時間的豊かさを享受している人（未来志向型の時間的視野にとらわれずに、労働時間の短い人）のほうが、人生の満足度が高く、ポジティブで環境に配慮した行動に多く従事し、エコロジカル・フットプリント（自然環境に与える負荷）も少ないと示されています［カッサー&シェルドン2009年］。

ヒントとツール

時間的豊かさ

物質的な豊かさを求めることが私たちの幸福感に貢献しないとしたら、その代わりに私たちが焦点をあてるべきなのは時間的な豊かさでしょう。一緒に住んでいる人に頼んで、あなたが忙しいことや、働きすぎていること、予定より遅れていることについて不平・不満を言うたびに、「時間貧乏になってるよ！」と言ってもらってください。時間貧乏に陥っていることがあなたの望んでいるよりも多いと気づいた場合は、もっと過去肯定や現在快楽の視点を持てるような行動を1つ見つけ、それを実行しましょう。

◇時間を上手に使うには……

あなたはこれまで、時間管理に関するセミナーを受けたことがありますか。時間管理のコツを、いくつ学びましたか。学んでから、そのうちのいくつを実践しましたか。

研究では、一般的に信じられているのとは異なり、時間管理のトレーニングは私たちの時間の使い方や成果にほとんど影響を及ぼさないことがわかりました［マカン他1990年、マカン1994年、1996年］。私たちはそのようなトレーニングを受けても、数週間のうちに元の時間の使い方に戻ってしまいます。これは、企業が従業員の時間管理教育にたくさんの投資をしていることを考えると、極めて驚くべき事実でしょう。時間の管理術が私たちの望む結果を生み出せないのは、焦点が間違ったものに当てられているからかもしれません。つまり、「時間の心理面」ではなく、「行動」そのものに注目してしまっているからです。

ヒントとツール

時間管理のメカニズム

時間管理の小道具、たとえば日記やリスト、チェックマーク、ハンディータイプの電子手帳などに熱を上げすぎてはいけません。たとえそれによって流行の時間管理術には成功したとしても、時間面での心理的な満足感を得ることはできないでしょう。ＴＯ ＤＯリストの横暴な命令に何も考えずに従うことで、物事が進む場合もあります。確かに、物事を整理することや、優先順位をつけることは重要です。しかし、それをするときは、柔軟であったり、自分のエネルギーレベルやニーズに合っていたり、義務というより自ら選んでいると意識で行ったりすることが必要なのです。

時間管理の原則

それでは、私たちが時間をうまく使い、それに満足し、自分でコントロールできていると感じるには、いったい何が有効なのか考えてみましょう［ボニウェル２００９年］。

●時間の使い方は、人生の他の事柄と同様、モチベーションによって決まります。私たちがどれほどうまく時間を使えるかは、その活動にどれだけモチベーションを持てるかに左右されます。

「自分のすることを好きになり、それに価値を感じていること」が上手な時間管理の第1の原則です。この原則はまた、人生の目的と人生の活動が一致しているという感覚を引き出したり、内的・統合的モチベーションと対応したりします（第7章参照）。

大切なのは、自分が好きだと思える活動をしているか、または、それほど好きになれない場合には、その活動を行っている理由を明確に自覚していることが大切です。もし、その行動の根底にある価値観に対して全面的に同意できないなら、活動の選択を考え直したほうが、あなたのウェルビーイングが高まるかもしれません。

●**「バランスの原則」**とは、固定された活動と自由に選べる活動の間のバランス、人生の様々な領域の間のバランスをとることを表します。

バランスのとれた時間の使い方とは、仕事と余暇に同じ量の時間を割り当てるとか、必ずしも余暇のほうにより多くの時間を投じるといったことではありません。バランスがとれているという感覚は主観的なもので、人によって大きく異なります。ある人にとっては、週に1時間を趣味に費やすだけで十分でしょうし、他の人にとっては1日1時間でも足りないかもしれません。

このバランスの原則には、他にも注目に値する2つの構成要素があります。1つ目は、バランスをとるためには日常的に自分のための時間、立ち止まって考える時間を持つことです。時間に満足している人ほど、定期的に自分自身のための時間（それは何でもかまいません。ヨガをすること、ジムに行くこと、瞑想、ただ静かに家の周りを歩くことでもいいでしょう）を確保していることが研究によって明らかになっています。

2つ目の要素は、時間の境界線の引き方に関することです。私たちは、仕事と家庭、仕事と余暇などの間に明確な境界線を引くことを極めて重要と思いがちですが、どのような境界線の引き方を選択しようと問題はありません（徹底的に境界線を引いても、まったく引かなくてもかまいません）。重要なのは、その人に合っているかどうかなのです。

●「責任と成果の原則」

「責任と成果の原則」とは、何かが起こってから反応するよりも、起こる前に事前に行動して、ストレスに圧倒されてしまうことを予防することを意味します（これには、優先順位をつけたり、選択したりすることが大切です）。

また、この原則は達成感にも関連します。人々は時間について話すとき、成果（何かを成し遂げたこと、期限に間に合ったこと、進歩を感じること）について語るでしょう。

達成感を日常的に持つことは、難しいかもしれません。特に長期的な計画に取り組んでいるときには、達成感を抱きにくいでしょう。それを補うためには、毎日何かを完了させることが重要です。それは机を整頓することでもいいですし、子どもが宿題を終えられるよう手伝うことでもかまいません。

●「時間不安とコントロール感の欠如の克服」

は、時間管理の大敵となる事柄に関する原則です。時間不安とは、「時間がない」「時間が迫っている」、「時間に追われている」、「時間が足らない」などといった不安のことです。時間をコントロールする術がまったくないという感覚は、時間に不満を抱えている人々のほとんどが口にしています。時間不安やコントロール感の欠如は、視覚化や他の手法を通して内面のコントロール意識を養うことによって、和らげることができるでしょう。

以上ここであげたことは、必ずしも網羅的なものではありません。しかしこれらは、私自身の時間管理の研究をもとにして、心からお勧めできる原則です。

推薦図書

イローナ・ボニウェル、エヴゲーニー・オーシン、アレックス・リンレイ&ガリーナ・イヴァンチェンコ（2010）「A question of balance：Examining relationships between time perspective and measures of well-being in the British and Russian student samples（バランスの問題：英国とロシアの学生で検証した時間的視野とウェルビーイング尺度の関係）」『ジャーナル・オブ・ポジティブサイコロジー』5. pp. 24-40.

『迷いの晴れる時間術』（フィリップ・ジンバルド&ジョン・ボイド著　栗木さつき訳）ポプラ社

心的外傷後成長(PTG)とポジティブ・エイジング

Positive Psychology and Life Complexities and Challenges

9

ストレス、制約、困難な状況、喪失、老いや死という人生の大きな変化は、人間にとって、避けることのできない人生の一部です。これらの問題は表面上、ポジティブ心理学にとって歯が立たない難題のようにも見えますが、**「そのような問題を無視するのではなく、どうやって対処するかを研究して、よりよく生きられるようにするのがポジティブ心理学だ」**という意見があります。

◇逆境に対処するには

対処法（コーピング）

私たちはストレスを感じると、様々な方法を使って、困難な状況に対処します。研究者たちは、そのような「対処法（コーピング）」を大きく3つのグループ、「問題焦点型コーピング」、「感情焦点型コーピング」、「回避型コーピング」に分類しています［カー2004

年」。

「問題焦点型コーピング」とは、問題を特定し、解決のために行動することです。ストレスの元凶に直接働きかけ、問題を解決することをめざします。

「感情焦点型コーピング」は、問題にはそれほど焦点を置かず、むしろ、その問題が私たちに抱かせる感情に注目する対処法です。ですから、誰かに助けを求めるときは、実際的で具体的なアドバイスなどよりも、感情的なサポート（話を聞いてもらう、泣く、共感を得るなど）を求めます。実際の問題に焦点を置く前に、まず感情に対処することは、多くの場合、よい結果をもたらします。感情を上手に消化できれば、私たちはよりよい考え方ができ、状況をより正確に評価し、状況の中にチャンスを見いだすことができるでしょう。この対処法は「解決」できない問題（死別など）に対する、どうしようもないストレスにも適しています。

「回避型コーピング」は、問題の存在を否定し、頭の中から追い出そうとすることです。場合によっては、アルコールやドラッグ、セックス、ときには仕事の助けを借りることもあります。

これら3種類に大別される対処法の中にも、うまく機能する例と、そうでない例がありま す。たとえば、問題解決の責任を負って、現実的な行動計画を立てることは機能的な問題焦点型コーピングですが、先延ばしにしたり、悲観的になったりしてもうまくいきません。同様に、カタルシス（心の浄化）、感情の放出、友人に助けを求めることなどは建設的な感情焦点型の対処法ですが、破壊的な人間関係に巻き込まれること、人を攻撃すること、現実離れした甘い考えを持つことなどは建設的ではないでしょう。

回避型コーピングも、短期的には役立つかもしれません。映画やビリヤードに友人と行くことは、差し迫った問題から一晩だけ気をそらすには有効なアイディアです。しかし、ずっと目を背け続けたり、問題をまったく考えないようにしたりしても、うまくはいきません。それは、放置された問題は自然に解決に向かうことなどなく、時間と共に悪化する傾向にあるからです。

適応的防衛機制

コーピングが意識的に行われるものであるとすれば、人生のストレスから回復させるための、無意識の機能も私たちにはあると精神分析学者たちは言います。そのような無意識のプロセスは「適応的防衛機制」と呼ばれ、ポジティブで非常に有益なものです。

適応的防衛機制の中には、**「予期」**、**「連帯」**、**「ユーモア」**、**「自己主張」**、**「自己観察」**、**「昇華」**、**「抑制」**などがあります。たとえば、「予期」は困難な状況で不都合な結果が出るかもしれないことについて、心の準備をさせてくれます。「連帯」という機能は、私たちに電話をかけさせ、仕事で大変だった一日のことを友人に話させます。しかし私たちは、それを対処法として意識的に行っているわけではありません。ネガティブな状況を「ユーモア」に変換することは、一般的でとても有効な方法です。「昇華」は、ネガティブな反応（攻撃性など）や、強力で自然な衝動（性的欲求など）を、建設的な活動に置き換えてくれるでしょう。

これらすべての防衛機制は、年齢を重ねるにつれて発展し、より効果的になる傾向があります。使えば使うほど、私たちの適応能力とレジリエンス（回復力）は高まるのです［バイヤン２０００年］。

機能的コーピングと適応的防衛機制はどちらも非常に役立ちますが、両者の境界線はあいまいで、詳細に見ると重複しているものもあります。たとえば、私たちが自分の防衛機制に気づいたら、それらは自動的に、意図的なコーピングの範疇に分類されることになるのではないでしょうか。

心的外傷後成長（PTG、ポスト・トラウマティック・グロース）

私たちは日常的にストレスを経験していますし、中には深刻なものもあるかもしれません。しかし時には、永久に私たちの人生の方向を変えてしまうような、トラウマとなる出来事にも直面します。たとえば、２００４年12月26日のスマトラ島沖地震でたくさんの人の命を奪った津波や、ルワンダで起きたような虐殺、レイプ、性的虐待、ＨＩＶ感染や末期がんがあることを知ること、愛する人（もしかすると子ども）を失うこと、深刻な障害を持った赤ちゃんを産むこと、火事で家を失うこと、手足を失うことなどです。

残念なことに、他にもたくさんの衝撃的な出来事があり、それらは、私たちの世界の見方そのものを打ち砕いてしまいます。人は善良だとか、世界は公正だといったある種の信念は、もはや真実味がなくなり、多くの目標は重要でなくなるかもしれません。しかし、このような状況でも、中にはその経験から何かを「獲得」し、切り抜けられる人もいます。この現象は**「心的外傷後成長（ＰＴＧ、ポスト・トラウマティック・グロース）」**と呼ばれるものです。

多くの人は逆境の後、非常に強くなったように感じ、自分自身や能力に自信を深めます。また、トラウマはしばしばリトマス紙のような働きをし、今ある人間関係の真の価値を明らかにしてくれるので、関係性が改善され、強化されたという人もいます。また同じような状況にいる他者への同情が増したと答える人もいるようです。時には、自分の持っているものに改めて感謝するようになり、私たちが当然と思ってしまいがちな人生の小さなこともありがたく感じるでしょう。さらに、トラウマとなる出来事の影響に、意味や精神性を見いだし、より一貫性があって満足させてくれる世界観や人生哲学の構築につなげる人もいます［テデスキ&カルホーン２００４年］。

多くの宗教学者、哲学者、作家たちは、苦しみの中に発見されうる肯定的な側面を強調してきました。代表的なのは、キリスト教、仏教、ヒンドゥー教、イスラム教の神学者や思想家、たとえばニーチェ、ダンテ、ドストエフスキー、ソルジェニーツィンです［ジョセフ&リンレイ２００５年］。

オーストリアの精神科医ヴィクトール・フランクルは『夜と霧』［１９６３年］というタイトルの著書で、ナチスの収容所での体験について書きました。この本は、自分という存在を支えるもの（アイデンティティー、財産、愛する人、生きる権利さえも）がすべて奪われるという絶望の最中にあっても、人が人間らしさや生きがいを求めることに対しての礼賛の書です。

では私たちは、どうすればトラウマとなる経験から脱し、人として成長できるのでしょうか。そのプロセスはたいてい、起きた出来事を理解しようとすることから始まります。これは、どのようなステップや偶然がその出来事につながったのかを解明しようとするとき、ほぼ自動的に起こるものです。

その後、人生を全体として理解し直す試みや、「認知再構成」が続きます。内面世界は再構築されなければならず、しばしば物の見方や自分自身さえも大きく変化するでしょう。このプロセスは意図的なものです。もしそのことが意図されずに、トラウマとなる体験を自分の人生の構図の中に同化させることができなければ、その出来事を受け入れることはできませんし、将来起きるネガティブな出来事に傷つきやすくなるかもしれません。

フランクルは、もう一つ重要なことは、**逆境に対してどのような「態度」を取るかである**と主張しました［ノーレン＝ホークセマ&デイビス２００２年］。「人間からは何でも奪うことができる。しかし、１つだけ、どうしても奪えないものがある。それは、人間に残された最後の自由、つまり、どのような状況下でも自分の態度を選ぶ自由、自分の道を選ぶ自由だ」［フランクル１９６３年104ページ］。もしトラウマとなる状況を「チャレンジ」と解釈するならば、人は心的外傷後成長（PTG）を遂げやすくなるでしょう。

心的外傷後成長に欠かせないもう一つの要素は、人からの支援です。共感に満ちた人間関係は人を励まし、心情の吐露や成長を促してくれるため、上手に困難に適応できるようになる可能性が格段に高まります［リンレイ&ジョセフ２００４年a］。

興味深いことに、心的外傷後成長は、精神的健康だけでなく、身体的健康にもつながります。たとえば、パートナーを失った後、積極的に生きがいを見いだすことに取り組んだ男性のＨＩＶ感染者は、そうしなかった人と比べて、２～３年後の病気の進行を表す免疫学的指標ではるかによい結果を見せました［バウマイスター&ヴォース２００２年］。

注目すべきは、成長と苦悩はしばしば共存するということです。実際、**獲得と喪失のバランスがうまくとれれば、最適な形で適応できます**［テネン&アフレック２００２年］。もちろんこれは、成長にはトラウマが不可欠だという意味ではありません。トラウマ自体は決していいものではありませんが、意義深い個人的変化をもたらす場合もあるということです［テネン&アフレック２００２年］。人は心的外傷後成長の結果、より知恵がつくこともあるでしょう。そのことについては、次に述べます。

◇知恵

知恵は、困難な状況や複雑な状況に対処するとき、私たちを助けてくれるものです［バルテス１９８７年］。知恵は心的外傷後成長を促進することもあれば、心的外傷後成長から生み出されることもあります［リンレイ&ジョセフ２００４年ａ］。しかしもちろん、トラウマとなる出来事が、知恵を身につけるために必須というわけではありません。

現在、ポジティブ心理学には、知恵についての主要な理論が2つあります。それは、「ベルリン・モデル」と「スタンバーグのバランス理論」です。

知恵のベルリン・モデル

ベルリンのマックス・プランク研究所で開発された知恵に関する理論的枠組みは、知恵を「人生の実用的知識」と定義し、そこには人生における行動、目的、意義への関心も含まれています［バルテス&フロイント2003年］。

知恵に不可欠と考えられているのは、以下の5つの要素です。

1. 真に優れた情報に基づき、人生の実際的な出来事や事実について、豊かな現実的知識があること。
2. 意思決定や対立解消のノウハウなど、実際的な事柄への対処法についてよく知っていること。
3. 自身や家族、学校、職場のことや、それらがどのように関連しているか、どのようにお互いを変化させたり、影響を与えたりしていているかを理解していて、人生における多くのテーマや状況について、たくさんの知識があること。

4．信念や価値観の違いを認識し、寛容であること（これは態度を保留する「価値相対主義」を意味するものではありません）。

5．不確実なものを認識・管理でき、あいまいさに寛容である（知識には限界があり、将来起きることを正確に予測することは不可能だと受け入れる）こと。

以上5つの基準がすべて満たされると、人生についての深い見識を持ち、「知恵がある」ということになります。

大切なことですが、知恵は優れた認知的・専門的知識に頼っているだけではありません。**知恵とは、知的側面と、感情やモチベーションの深い理解が合わさったものです。**人生の複雑な問題に対処する経験や訓練は、知恵を伸ばす助けとなります〔クンツマン2004年〕。

ベルリン・モデルの研究者たちによれば、一般に信じられていることとは対照的に、知恵の深さは年齢と関係がないといいます〔バルテス他1995年〕。知恵は青年期や成人早期に急速に発達しますが、大人になってからはそれ以上伸びないのかもしれないとのことです。

スタンバーグの知恵のバランス理論

この理論によると、知恵とは、「公共利益の問題解決に応用される、実践的知能と暗黙知の組み合わせ」であるといいます［レズニツカヤ&スタンバーグ2004年］。アリストテレスが強調したように、スタンバーグはこの暗黙知を、「柔軟性」、そして、「形式化されたルールからも学びえない微妙なニュアンスを認識する能力」として解釈しました。このモデルでは、バランスを非常に強調しています。

たとえば、知恵は、多数の利害関係、つまり、個人内（自分自身）、個人間（あなたの周りにいる他の人たち）、個人外（すべての人や大きな組織、共同体、国、環境）にとってよいもののバランスを取ることも含みます。

また、知恵は、私たちが状況や環境に反応する様々な方法のバランスにも関連するでしょう。例をあげれば、私たちはある状況に直面したとき、それに**「適応する」**こともできれば、その状況が私たちに適応するように**「形づくる」**こともできますし、私たちの欲求や行動に寄与するように新たな環境を**「選択する」**こともできるのです。

知恵はたいてい、多数の利害や戦略が関係する複雑な問題への対処に使われます。知恵は、これらの問題が公共の善を満たす形で解決されるにはどうしたらいいかの判断や助言をもたらしてくれるでしょう［カー2004年］。

ヒントとツール

知恵を呼び覚ますには

あなたにとって、知恵を表すようなイメージを創造し、それと対話してみましょう。そのイメージは賢人でもいいですし、哲学者、昔からの友人、親戚、教師などでもかまいません［ポポヴィック2005年］。

上記2つのモデルには、両方とも長所があります。しかし、ベルリン・モデルは包括的に見えますが、暗黙知という不可欠な要素がなく、やや複雑です。またバランス理論では、バランスはもちろん重要ですが、「公共の利益」という概念には、どうしても個々の価値判断を含んでしまいます。また、2つのモデルはどちらも、「自分の行動がもたらす長期的な結果を予測する能力」という、知恵の最も重要な構成要素の1つといえるものに言及していません。

◇ポジティブ・エイジング（明るく歳を重ねる）

加齢は、私たちのほとんどが遅かれ早かれ出くわす、大きな試練です。ありがたいことに、私たちは現在、以前よりも長生きできるようになりました。しかしありがたくないことには、年齢を重ねることはメディアや大衆文化において高い敬意を払われていないようです。

高齢者について最初に浮かぶイメージを尋ねられると、ほとんどの人は「知恵がある」、「動きが鈍い」、「病気」、「老化」、「虚弱」と答えます［ルピアン&ワン２００４年］。実際には、前のセクションで学んだ通り、知恵は年齢と関連してはいません。この点では、私たちの共通認識は間違っていることになります。では、たまたまネガティブなものばかりあがった後の４つの固定概念は、どの程度正しいのでしょうか。

私たちは、「加齢によるしわ」を熱心に数えたがります。加齢は身体機能や知覚能力の低下、聴力や視覚、味覚の低下を連想させるでしょう。認知能力の低下や、名前を思い出しにくくなることも、老化の特徴としてよく言われています。社会的交流の減少や、やがて起こる孤独感も、加齢（エイジング）という避けられないプロセスの一部と思われているようです。しかし、それらは本当に正しいのでしょうか。

研究データによると、65歳以上の人のほとんどが、非常に健康であると示されています。

1990年代中頃に行われた大規模な調査では、78歳から84歳までの人の73％が、支障をきたすほどの不調がないと答え、85歳以上の40％が、健康に近い状態であることがわかりました［ウィリアムソン2002年］。

存在している固定概念とは反対に、多くの身体的問題は、よい食事と運動によって解消できることも判明しています。健康的な生活を始めるのに遅すぎることはなく、私たちの体は信じられないほど寛大なのです。たとえば、多量の喫煙によるすべての悪影響でさえも、5年以内に解消することができます。適切な維持管理を行えば、奇跡を起こせるということです。

記憶を含む認知能力の低下は、わずかな訓練で改善することができます。実際、高齢者であっても、脳は新しい神経細胞を作り続けますし、かつて考えられていたほどには以前からの神経細胞を失わないこともわかりました［ルピアン&ワン2004年］。高齢者の脳は、新しい事柄を吸収することも非常によくできます。これは性機能にも当てはまることですが、「使わないと駄目になる」ということです。しかし、認知能力を有効に保つ上で、まず根本的に大切なのは、自分には学んだり、覚えたりすることができると信じることでしょう。

アメリカの精神科医ジョージ・バイヤンは、男性の被験者たちを2グループに分け、30年以上にわたって老化のプロセスを研究しました。調査は彼らが50歳になる以前から、70代、80代になるまで行われ、バイヤンは、一般の予想に反する、健康的なエイジングには直接結びつかない6つの要素を発見しています。

その6つの要素とは、**先祖の寿命**（親がどれほど長く生きたか）、**コレステロール値**、**親の社会階級**、**子ども時代の温かい環境**、**子ども時代の主な気質**（親による評価）、そして**ストレス**でした。

一方で、良好で健康的なエイジングに関係があるのは、次の7つの要素でした。**ヘビースモーカーでないことや若いうちに（45歳頃になるまでに）禁煙すること**、**成熟した適応機制**（この章で記述済み）、**アルコールの乱用がないこと**（適度な飲酒は問題なし）、**適切な体重**、**安定した結婚生活**、**運動**、そして**教育を受けた年数**（長いほどよい）です。

ということは、雷に打たれるなど予測不能な事態が起きなければ、上手なエイジングというのは、ちょっとした努力の問題で、あまり深刻に考えなくてもよいということになります。さらに、老化から連想される欠点の多くが回避可能なだけでなく、年を取ることは利点や潜在的な強みをもたらすことでもあるのです［カーステンセン&チャールズ2003

年]。

たとえば、年配の人は若い人に比べて、臨床的うつ病にかかる可能性が低いことがわかりました。彼らは若者よりネガティブ感情を抱きませんが、ポジティブ感情は若者と同じくらい経験します。年配の人のほうが、たとえば喜びと悲しみが入り混じったようなはるかに複雑な感情を示し、満たされています。彼らは他の人たちとより深く緊密な絆を築き、人間関係から大きな満足感を得ます。社会的な交流の機会は減少しますが、それは重要でない知り合いとの接触が少なくなるためであって、充実した人間関係に費やされる時間が減るからではありません。時間というものの意味が増すため、年配の人は人間関係をより慎重に、戦略的に選択します。

このような深い社会的関わりは、認知症などの認知障害を予防してくれるでしょう。高齢者は、感情的に重要な事柄の記憶は失わない傾向にあります。人との交流にも長け、個人間の問題を多様な視点から見られることもわかりました。たとえば対立事項を話し合うとき、年配の夫婦は若い夫婦に比べてネガティブ感情を見せず、パートナーへの愛情を多く示します［カーステンセン他1995年］。

エイジングのプロセスに決定的な違いを生んでいるように思えるのは、年配者が世の中に関わっている度合いです。ふだんから個人的に意義深い活動（知的、身体的、社会的を問わず）に関わろうとするは、上手なエイジングへの一つの鍵といえるでしょう。たとえば研究者たちは、キブツ（イスラエルの集産主義的共同体）では充実したエイジングの過程や長寿をはるかに多く観測しています。キブツでは、職業上の引退が働くのをやめることとは見なされないため、責任は保たれ、仕事は変わりゆく能力に合ったものとなり、幅広い社会的支援も受けられるのです［ルピアン＆ワン２００４年］。

コントロール感を持てることや、選択ができること、ポジティブな態度を取ることも非常に重要です［ピーターソン他１９８８年］。自分は同じ年の人たちよりも若いと思っている人は、自己コントロール意識が高いことがわかりました。ポジティブな態度は、記憶力、長寿、健康、ウェルビーイング、生きる意志に結びつきます。

予想には反するかもしれませんが、老化は必ずしも不快な経験ではありません。ポジティブ・エイジングとは「人生に年数を足すだけでなく、年数に人生を足すことでもある」［バイヤン２００４年561ページ］のです。

年齢を重ねることをネガティブなプロセスと見なすのではなく、人生のすべてのステージには弱みや損失があると同時に強みや利益もあると考えることが、おそらくエイジングに対する最適な結論でしょう。それはただ、とらえ方次第なのです。私たちは子ども時代のマイナス面、つまり依存状態であることや自由の欠如、知識や知的能力の欠如についてはあまり目を向けません。それなのになぜ、年を取ることについては、マイナス面ばかり意識してしまうのでしょうか。

エイジングの過程によってもたらされる変化はチャレンジです。適切な態度とメンテナンスによって上手に対処することができ、恩恵に変えることができるチャレンジだと解釈することが最善なのです。

推薦図書

ジョージ・バイヤン（2002）『Aging well（上手に老いる）』

選択肢の多い時代を生き抜く

The Freedom of Choice and How to Survive it

10

1970年にアルビン・トフラーが書いた、『未来の衝撃』〔徳山二郎訳、実業之日本社〕。社会学の傑作として反響を呼んだこの本は、来るべき未来を予測し、私たちがどうしたらその未来に対処できるようになるかを説きました。「未来の衝撃」という言葉が表すのは、人々がもはや、超工業革命がもたらす重大で急速な変化や、膨大な情報に対処できなくなった状態のことです。この本は40年以上前に書かれましたが、今も色あせることなく、「未来を描いた本ほど早く廃れるものはない」というジンクスを破っています。

トフラーの未来予測は、すべてではないものの、多くが現実となりました。現在、学生たちは、様々な科目を自分で組み合わせて単位を取得する制度のもとで勉強していますし、18歳で結婚して「死が二人を分かつまで」添い遂げるというのは、ずっと昔に消えたおとぎ話となっています。同性同士が結婚して子どもを養子として迎えることも、文明社会では一つの新しい家族形態として受け入れられるようになりました。

『未来の衝撃』の主要なテーマは、**「選択肢の過多」**と**「自由」**です。その本の中では、選択肢が多すぎると、私たちの予想に反して、自由そのものが奪われてしまうかもしれないと書かれています。

１９７０年代初頭、「選択肢が少ないこと」や「標準化の波」への不安が広がる中で、**トフラーは、富の増大や技術の発展によってもたらされる、空前の選択肢過多に警鐘を鳴らしました。**その現象の初期の兆候は、実は、当時すでに現れていたのです。

１９５０年から１９６３年の間に、アメリカのスーパーで売られるせっけんや洗剤の数は、65から200に急増しました。１９７０年代になると、車を購入しようとする人は、何日もかけて多くのメーカー、モデル、オプションを検討しないと決断を下せないようになっていました。産業界はすでに、購入者が必要とし、求める以上の多様性を生み出す恐れがあったのです。

トフラーは、「選択肢の過多」が通常の状態となった社会の、憂鬱な未来を描き出しました。その未来では、意思決定は困難になり、一層の努力が求められるものとなります。私たちは洗濯機（あるいは最近では携帯電話）を１つ選ぶといった、ささいなことについても、関係する情報をすべて集めて調査する時間が必要になるのです。したがって、選択肢の数が増えるということは、処理しなければならない情報の数が増えることにつながります。実験でも、人は多くの選択肢を与えられるほど、反応が遅くなることがわかりました。

それだけでなく、私たちは生活のテンポが速まったことによって、以前よりも急速に情報を処理する必要に迫られています。情報の**量**とその**スピード**が増しすぎると、私たちは刺激過多に陥ってしまい、何も考えられなくなり、選んだり、決めたりすることに四苦八苦してしまいます。意思決定には多大な心理的ストレスが伴うので、精神的苦痛、抑うつ、神経症、人格障害を引き起こすかもしれません。最終的には、購入する際に複雑な意思決定プロセスをとらなくてはいけなくなり、多様性と個性化の利点は打ち消されてしまうでしょう。トフラーは、次のように書いています［1970年257-258ページ］。

利用できる物質や文化の産物の選択肢が増大することと、対処する準備ができているかどうかということは、まったく別の問題である。なぜなら複雑で難しい選択は、多くの代償を伴うので、人を自由にするというよりも、その逆の結果をもたらすからだ。つまり、「選択があること」が「選択が多すぎること」につながり、自由は不自由へ姿を変える時代が来るのである。

2000年、アメリカ・スワースモア大学の心理学教授、バリー・シュワルツは『Self-determination : The tyranny of freedom（自己決定　自由の圧制）』と題された記事を発表しました。その中でシュワルツは、自由と自主性に関する心理学的問題について述べ、選択肢が増えることは必ずしも好ましいわけではなく、実は、私たちの生活をよくするどころか悪化させることが多いと主張しています。何だか、聞き覚えのある主張ではありませんか。

残念なことに、ポジティブ心理学の歴史において、シュワルツはアルビン・トフラーの偉業や才能を無視してしまっています。トフラーに言及することはせずに、シュワルツ［2000年］の主張はトフラーと同意見を述べ、そして、その主張を発展させています（シュワルツは、それ以来、このテーマに関して他にも多くの文章を書いています。著書『なぜ選ぶたびに後悔するのか――「選択の自由」の落とし穴』［シュワルツ2004年］もその1つです）。

選択肢の過多は、もはや懸念ではなく、現実となりました［シュワルツ&ウォード2000年］。2004年にはもうすでに、地域のスーパーに約360種類のシャンプー、コンディショナー、整髪料が置かれていました。私たちは、買い物に行くときも、年金計画を立てるときも、電話のプロバイダーを選ぶときも、働き方（パートタイム、フルタイム、フレックスタイム、在宅、ノマドスタイルなど）や、パートナーシップの形態を決めるときにも、好むと好まざるとに関わらず、選択を行わなければなりません。

さらには、個人のアイデンティティーさえも、選択するものになりました。たとえば私は、自分自身を言い表すときに、ラトビア系、ロシア系、イギリス系、ヨーロッパ人、世界の一市民といった言い方を選ぶこともできますし、若い女性や母、学者であると言うこともできます。私はいったい、誰なのでしょうか。答えは、今、言ったどれかでもあり、すべてでもあるのです。

西洋社会において、自由、自主性、選択は、精神的健康の条件と考えられています（本書第6章の自己決定理論を参照）。しかし、私たちが今、直面させられているのは、特に若い人たちの間で、うつや自殺が驚くほど増えているという現実です［ポポヴィック2002年］。

自由には、高い代償がつきものです。私たちは自由を得るために、責任を負わなければならないのです。選択には犠牲が伴い、犠牲は決定を下すプロセスの中で払われます。

シュワルツによれば、選択肢や自由が広がると、主に3つの問題が引き起こされるといいます。

●情報の問題――十分に情報を得た上で選択を行おうとすると、選択肢すべてに関する、すべての情報を得ることが難しくなる。

●**エラーの問題**――複雑な選択肢が増えると、私たちは判断を誤りがちになる。

●**心理的な問題**――選択肢が増えすぎると、頭を悩ませ、心理的ウェルビーイングにつながらないばかりか、実際には正反対の結果をもたらす。つまり、選択肢の増加には幸福感の減少が伴う。

複数の実験で明らかになったことですが、選択は人を自由にするのではなく、意欲を失わせるものとなりえます。ある実験では、被験者たちをグルメ食材のスーパーへ招き、様々なジャムを試食させました。あるグループの人々には6種類、別のグループの人々には24種類のジャムを試食させ、そのすべてのジャムは購入可能としました。その結果、6種類を試食したグループの30％の人は実際にジャムを購入しましたが、24種類を試食したグループは、わずか3％の人しか購入しませんでした［アイアンガー&レパー2000年］。

別の研究では、2グループに分かれた学生たちに、それぞれ6種類のチョコレートと30種類のチョコレートをランクづけさせました。6種類を試食した学生たちは、30種類を試食した学生たちより、試食したチョコレートを高く評価しました。

これらの実験結果は、私たちの予想とはまったく異なるものだといえるでしょう。選択肢が増えれば増えるほど、本当に気に入ったものを見つけられるチャンスが増えるのではないのでしょうか。気に入ったもの以外の選択肢は、自由に無視してよいのではないのでしょうか。

残念なことに、他の選択肢を無視できるという考えは、論理的には正しいのかもしれませんが、心理的にはそうではありません。私たちは、自分の前に広がるたくさんの選択肢の中で、方向を見失ってしまいます。シュワルツが述べた通り、「選択肢が複数あるのはいいが、それは必ずしも、選択肢は多ければいいということではない」［シュワルツ＆ウォード2004年87ページ］のです。

実際、選択肢が増えすぎると、下される選択が急激に減少することもあります。イギリスのチャンネル4で放送されていたテレビ番組で、有名シェフのジェイミー・オリバーが健康的でおいしい学校給食を導入するために奮闘していたのを見た方は、子どもたちの食生活がどれほど偏っているか気づかれたことでしょう。バイキング方式の給食スタイルでは、子供たちの多くがイチゴを選ぼうともせず、アスパラガスの名前さえ知りませんでした。子どもたちが、イギリスというほぼ無限の選択肢にあふれた場所に住んでいることを考えると、それは驚くべき事実です。ではなぜ、こういったことが起こったのでしょうか。

選択肢が増えると、十分に情報を得た上で決定を下すことがほぼ不可能になるため、たくさんの親たちは購入するものを決める際、広告に頼り、コマーシャルの奴隷となってしまうのです。トフラーもシュワルツも気づいていなかったようですが、選択肢の過多の問題は、標準化と手を取り合って進むこともあるようです。標準化は、選択肢の過多という問題に対して、起こりうる反応の1つです（製造業者にとっては採算が合うかもしれませんが）。

購入者たちの反応として標準化が起きると、商品の標準化がさらに進み、多様化はそれらの商品の中でのみ起きることになります。だからこそ、イギリスのスーパーには最低でも15～20種類のオレンジジュースがあるというのに、梨やサクランボのジュースは1種類も置かれていないのです。

◇選択肢の過多に対して、人はどんなふうに対応するか

意思決定をするとき、私たちは皆、大きく2つのグループに分けられます。それは「サティスファイサー（満足しやすい人）」と「マキシマイザー（最大限によいものを求めようとする人）」です。

「サティスファイサー」とは、自分の要求を満たすのに「ほどよい」もので十分だと考え

る人たちです。彼らは、自身の最低基準を満たすものを見つけて選んだら、選択肢の検討を終えます。

「マキシマイザー」とは、最も条件のよいものを手に入れないと気が済まず、考えうる選択肢すべてを検討する人たちです。選択肢が多すぎることは、特にマキシマイザーたちにとっては問題となります。彼らは一番いい大学に行き、一番いい仕事を得て、一番いい車を持ち、一番いい服を着ようと考えるからです。選択肢が増えれば増えるほど、すべての可能性を追求するために、マキシマイザーはより懸命に努力します。

マキシマイザーになることの落とし穴

最大限によいものを求める代償は、必然的に高くなります。ベストなものを手に入れようとすると以下のような対価を支払わなくてはなりません［シュワルツ&ウォード2004年］。

●「後悔」

実際に感じるものにしろ、予想するものにしろ、「最良の取引」ができなかった場合に後悔の念を抱きます。「もし別の選択肢の方が実際にはよかったらどうしよう」「この車を買って後悔したらどうしよう」といった不安を感じるのです。

●「機会費用」

最大化を追求することによって失われる選択肢のコストがあります。私たちはどのような選択をするときにも、機会費用を払わねばなりません。

●「期待の上昇」

選択肢が増えるほど、マキシマイザーはさらによいものを期待する傾向にあります。

●「自責」

何もかもが可能な世界において、失敗の言い訳はできません。マキシマイザーにおいては、極度に高い期待が、失敗の個人的責任に結びつきます。

●「時間」

システムキッチンを選ぶのに費やす時間があれば、子どもや親しい友人たちと一緒に過ごす時間が持てたかもしれません。

正直なところ、マキシマイザーの方が人生で成功を収めますが、サティスファイサーの方が満足感を味わいます。マキシマイザーの初任給の平均は、サティスファイサーより平均で年間7000ドル高いことがわかりました。しかし、今、行っている仕事の満足度については、マキシマイザーはサティスファイサーより低いといいます。このように、多くを求めれば求めるほど満足感が得られないし、多大な代償を支払うというのであれば、多くを求める価値はあるのでしょうか。

◇何ができるのか

ここで私たちはポジティブな視点を取りもどし、普通の人々がどうしたら選択という圧力から抜け出せるのか、考えてみましょう。トフラーは『未来の衝撃』の中で、いくつかの対処法を提案しています［1970年］。

●一時的に意思決定を「凍結」することによって、過剰な感覚的・知的刺激から回復することができます。

表 10-1　マキシマイザーになると……

比例して増加するもの	比例して減少するもの
後悔	幸福感
完璧主義	楽観主義
落ち込み	人生の満足度
社会的な上方比較 (「もっといい」人たちとの比較)	自尊心
神経症的傾向	

●自分の所有する物品と長期的な関係を維持することも有効です。「私たちは、使い捨て製品の購入を拒否することができる。古いジャケットをあと1シーズン着つづけて、最新のファッショントレンドを追うのを頑なに拒否することもできるだろう。自動車をそろそろ下取りに出すべきだと言ってくる販売員に、ノーと言うことも可能なのだ」（同書341ページ参照）。

●「不変ゾーン」を作ることによって、生活の他の部分における混沌とした状態や、急激な変化とのバランスをとることができます。長期的な人間関係、雇用状態、日常の習慣などは、こうした変わることのない、安定した要素となりえるでしょう。

シュワルツもまた、いくつかの役立つ助言を与えています［シュワルツ＆ウォード2004年］。

●私たちは最低限度の条件を満たしたものを受け入れ、「ほどよい」もので満足できるように訓練できます。たとえば、子どものために最高のコーチ、教師、課外活動を見つけようと苦心するのではなく、どうすれば子どものそばにいてやることができるかを考えることができるのです。

●私たちは期待値を下げることもできます。どのような現実も、理想像との比較によって悪影響を受けてしまいます。満たされることのない不当に高い期待は、人を絶望に導くのです。

●他者との比較を避け、自分自身の基準を持つことも有効です。

●後悔を減らし、すでに手にしている恩恵に感謝することもできます。

●選択するかどうか自体を選択し、選択したほうがいいのはどのような場合かを学ぶこともできるでしょう。そうすれば、私たちは本当に大事な事柄のときだけ、マキシマイザーとなることができます。

●一度した選択に対しては、心変わりはしないようにしましょう。これもまた、不安感を減らす方法の1つです。

●私たちは制約を愛せるようにもなれます。おそらく、いくつかの制約（人間関係や、子ども、定職によって課されるもの）は、天の恵みです。なぜなら、それらの制約は、想定されうる選択肢の数を減らしてくれるからです。何かに関するルールを設定し、それに従えば、私たちは決定を下す必要がなくなります。

では最後に、大切なことをもう一度繰り返させてください。選択ができることで、あるレベルまでは、私たちの自由は増大します。しかし、それを超えてしまうと、実際には自由は制限されてしまうのです。

推薦図書
『なぜ選ぶたびに後悔するのか 「選択の自由」の落とし穴』（バリー・シュワルツ著 瑞穂のりこ訳）
武田ランダムハウスジャパン

「強み」を活かす
The Positive Psychology of Strengths

11

◇「強み」の価値

自分の「強み」をあげてほしいと言われたら、あなたは何と答えますか。ほとんどの人は、自身の強みについて話そうとしませんし、自分の強みが何であるのかさえ知らない人も多くいます。これは私の国、イギリスに限ったことではありません。ほとんどのヨーロッパやアジアの国々でも、同じような現象が見られます。しかし、そもそも強みとは重要なものなのでしょうか。自分が得意な事柄を吹聴するより、弱みに対処した方がよいのではないでしょうか。

強みに重きを置こうとする活動の創始者たちは、上の問いかけには、はっきりとした見解を述べ、人間の性質に関して広まっている2つの説はまちがいだと主張しています［ホッジズ&クリフトン2004年］。その2つの説の1つ目は、どんな人でも、努力次第でほぼすべての事柄について優れた能力を発揮できるようになるということ、2つ目は、成長のための最大の可能性は、その人の一番の弱点の中にあるということです（私個人の意見としては、1つ目の説に関しては賛同できませんが、2つ目に関しては彼らと同様に異論を唱えるわけではありません。ゼロを基準とする強みと弱みの単純な計算式では、マイナス5の性質（弱み）をプラス10へと引き上げる方が、プラス5の性質（強み）をプラス10に発展させるより成長の度合いが大きいからです）。

他にも一般的に、成功する人は高い目標を設定していて、成功できない人は低い目標を設定しているとよく信じられています。しかし研究によると、成功する人は自分の能力をよく把握していて、現在の能力をわずかに上回る程度の目標を立てるのに対して、失敗する人は自分の能力レベルに気がつかずに、現実的でない高い目標を設定しがちだということがわかりました。**成功者は本質的に、自分の才能や強みの上に、ライフスタイルやキャリアを築きます。**彼らは自分の才能を認識し、それをさらに伸ばします。そして、自分に最適な役割を見つけ、自分の才能や強みを生活に活かす方法を考え出します。弱みに関して言えば、成功する人は弱みを克服しようとするのではなく、うまくコントロールしているのです［クリフトン＆アンダーソン2001-2002年］。

文化の壁を超えた研究を行った結果、自分の強みを知って、それに従うことには以下のような効果があることがわかりました。

●人生への洞察力や展望が養われる
●ストレスを感じにくくなる
●楽観性やレジリエンス（回復力）が生まれる
●方向性が明確になる
●自信や自尊心が高まる
●生命力やエネルギーが高まる
●幸福感や充足感が生まれる
●目標を達成しやすくなる
●仕事への集中力が高まり、能力を発揮できるようになる

［クリフトン＆アンダーソン2001－2002年］

さらに、ある種の強みを伸ばすことはレジリエンスを養い、一部の機能不全や精神障害を和らげることも判明しました。たとえば、「楽観主義」はうつ病を軽減しますし、スポーツで得られるフローは薬物乱用を防ぎます。「労働倫理」や「社交性」は、統合失調症に効果を発揮するでしょう。「勇気」、「未来志向」、「信念」、「希望」、「誠実」、「忍耐」なども、緩衝作用のある強みといえます。

強みへの働きかけは、種々の有効な心理療法の基本であると主張する研究者もいます。よいセラピーというのは、ただ傷を癒やすだけではなく、「希望の植え付け」、「緩衝作用のある強みの構築」といったアプローチも採用しています［セリグマン&ピーターソン2003年］。

強みは、ポジティブ心理学の主要テーマです。なぜなら、強みは人生のプラスの側面を理解させてくれ、単に精神的に病んでいないというだけではなく、精神的に健康であることを示してくれるからです。

強みの概念や測定には、現在、主に3つのアプローチがあります。それは、**「VIA」**、**「ストレングスファインダー」**、**「リアライズ2」**です。

◇VIA（強み指標）

精神科医や臨床心理学者の共通のバイブルといえるのが、『DSM（精神疾患の診断・統計マニュアル）』です。これは、精神医療に携わるすべての人のための包括的な参考図書で、もはや精神病の科学的理解や分類は、これで完了したという印象さえ与えます（それが正しいかどうかは疑問の余地があるのですが）。

その本には、統合失調症、人格障害、精神病的傾向の説明が詳細に書かれており、専門家たちが患者の「どこが悪いか」を知るのを助けてくれます（ただし注意が必要です。DSMを通読すると、まるで自分がすべての精神障害にかかっているような気分になってきます）。2004年になるまでは、その反対に「どこがいいのか」を説明したり、調査したりしてくれるものは存在していませんでした。

ポジティブ心理学界を率いるクリストファー・ピーターソンとマーティン・セリグマンの2人は、この偏った状況を打破すべく、独自の強み指標「VIA」を開発しました［ピーターソン&セリグマン2004年］。VIAは、冗談っぽく「反DSM」とも呼ばれています。

この分類の根底にあるのは、以下のような仮説です。

- 強みは弱みより重要度が低いわけでも、錯覚でも、何かに付帯しているわけでもない。
- 強みは科学的に理解することができる。
- 強みには個人差がある。
- 強みは性格上の特徴であるが、環境的要因にも影響を受ける。

ピーターソンとセリグマンは当初、考えられるすべての強みを特定しようと様々な手段を用いました。代表的な学者たちとのブレーンストーミング、心理学の会議での参加者たちとのディスカッション、「よい人格」について述べている心理学や哲学、他の分野の文献の調査などです。

そして、人格の強みとなりうる数百の候補に対し、いくつかの基準を設定し、普遍的だと考えられる主な強みを絞り込みました。そのような基準は10種類ありましたが、最も注目すべき基準は以下のとおりです［ピーターソン&セリグマン2004年］。

1．その強みが、本人や周りの人の充実した人生に貢献すること。

2．その強みが、利益をもたらす結果につながるかどうかには関係なく、それ自体で道徳的に価値があること。

3．その強みを見せても、他人をおとしめることがなく、むしろ他人のためになり、嫉妬よりも称賛を生むこと。

4．その強みには、善とみなされる正反対の性質がないこと。

5．その強みが、人の行動、思想、感性、行動の中で明白であること。状況や時を超えて、一般的であること。

このようなプロセスを経た結果、私たちに「美徳」（哲学者や宗教指導者が強調している主要な普遍的特性）を獲得させてくれる24種類の「強み」が特定されました。そして強みは、以下6種類の美徳に分類されています。

- **「知恵」**（知識の獲得・利用に関する強みを含む）
- **「勇気」**（外的・内的に関わらず、反対があったときに、目標を達成しようと意志を行使する強みを含む）
- **「愛・人間性」**（対人関係に関連する強みを含む）
- **「正義」**（公共心のある人間として持つ強みを含む）
- **「節度」**（行き過ぎた行動を防ぐための強みを含む）
- **「超越性」**（より大きな世界観へとつながるための強みを含む）

ＶＩＡでは、強みを「才能」と区別しています。両者の違いは明確ではありませんが、才能は先天的で、自主的に選べないものとみなされているようです。また、VIAでは、強みが文化を超えて道徳的に価値を置かれているのに対して、才能は道徳と無関係だと主張しています。さらに、才能は強みほど身につけやすいものではありません。たとえば、勇敢さや楽観性を身につけるほど容易には、投球フォームを大幅に改善したり、ボールスピードをあげたりはできないでしょう［セリグマン2002年］。また、才能を使っていなかったり、無駄にしたりということはよくある話でも、たとえば感謝の気持ちを無駄にしているとは、あまり聞かない表現でしょう。

表11-1は、VIAで分類されている美徳と強みを簡潔に示したものです［ピーターソン&セリグマン2004年］。ただ、6つの美徳のカテゴリーに強みを当てはめるやり方は、恣意的に見えます。

たとえば、現在「節度」に分類されている「寛大」は、「正義」の中に入れられたほうがよいかもしれません。「感謝」、「ユーモア」、「審美心」は、「超越性」とあまり関連していないように思えます。実際、どの強みがどの美徳に分類されるかは、決まりきったものではないようです。たとえば「熱意」は、この分類が作られた2001年では「超越性」に入れられていましたが、2004年の表では「勇気」に入れられています。

表 11-1　VIA による美徳と強みの分類

知　恵	
● 世界への好奇心と興味 （様々なテーマや経験に関心を持つ） ● 向学心 （知識を増やすこと自体を楽しむ） ● 大局観、知恵 （全体像を見る。知恵があるとみられる）	● 創造性、創意工夫、独創性 （新しいやり方を見つける） ● 幅広い視点、クリティカル思考 （合理的な考え方をし、よい判断ができる）
勇　気	
● 勇気、勇敢 （立場を固持する。恐れを克服する） ● 粘り強さ、忍耐、勤勉 （始めたことをやり遂げる。脇道にそれない）	● 誠実性、信頼性、正直 （約束を守る。正直で寛容になる） ● 熱意、熱中、生命力 （人生を最大限に生きる。エネルギッシュ）
愛・人間性	
● 愛し、愛される能力 （愛のある親密な関係を持ち、重きを置く） ● 親切、寛容 （他者を助ける。共感を示す、気遣う）	● 社会的知能、人格的知能、心の知能 （他者や自己の気持ちに気づく。他者といてリラックスする）

正　義	
• 市民性、チームワーク、忠誠 (集団の中でよい働きができる) • リーダーシップ (他者を統率し、動機づける)	• 公正、公平 (人を公平に扱う。偏見で差別しない)
節　度	
• 自己制御、自己調整 (感情の管理。自律) • 慎重さ、用心 (危険を避ける。慎重な選択をする)	• 謙虚、謙遜 (より大きな世界の中での自分の立場を自覚する) • 寛大、慈悲 (許し、忘れる)
超越性	
• 審美心 (すばらしいものを創造する。インスピレーションを得る。それによって精神を高める) • スピリチュアリティー、目的意識、信念、信心深さ (使命感を持つ。崇高な意義について、一貫した信念を持つ)	• 希望、楽観主義、未来志向 (コップの中の水を「まだ半分残っている」と考える。将来への計画を立てる) • 感謝 (人々に感謝する。いかに自分が恵まれているかを考える) • ユーモア、遊び心 (笑顔や笑いを起こさせる。遊び心を持って働く)

出典　ピーターソン&セリグマン（2004）『Character Strengths and Virtues：A Handbook and Classification（性格の強みと美徳：ハンドブック・アンド・クラシフィケイション）』から許諾を得て抜粋。

ポジティブ心理学の主なゴールの1つと見なされているのは、それぞれの人に自分の「特徴的な強み」を気づかせることです。特徴的な強みというのは、「本当のあなた」を表現しているもので、使用すると高揚感をもたらす強みです。自分の特徴的な強みに関するものは、上達が早くなります。そして、その強みを使いたいと切望し、その強みを活かすときにはエネルギーがわいてきて、内的に動機づけられます［ピーターソン&セリグマン2004年］。特徴的な強みがひとたび発見できれば、それを仕事や人間関係、遊び、子育てなど、様々な方面で活用することができるでしょう［セリグマン2002年］。

◇ギャラップ社のストレングスファインダー

もしも世界が単純だったら、強みの分類は1つでよかったでしょうが、残念なことに、あらゆる選択肢がある私たちには単純さは似つかわしくありません。24種類の強みでは不十分でしたら、34種類の分類はいかがでしょうか。

34種類の分類は、ギャラップ社の才能ある科学者、ドナルド・クリフトンとエドワード・チップ・アンダーソンが考案したものです［クリフトン&アンダーソン2001－2002年］。

クリフトンとアンダーソンは、成功の秘訣を明らかにするために、世界中の何千人という一流の人々に聞き取り調査を行いました。その結果、仕事で最もよく使われる34種類の才能・強みが抽出されたのです。しかし、強みが何かという点については、VIAで唱えられている考え方とはやや異なっています。

「ストレングスファインダー」によれば、強みの基礎となるものは「才能」だといいます。才能とは、自然と繰り返される思想、感情、行動のパターンであり、たくさんの分野に適用できるものです。物事を行う能力ともいえるでしょう。才能は、「資質」（似たような才能の集まり）ごとにまとめることができます。「強み」は、与えられた活動の中で、一貫性のある高い結果を出す能力です。もし才能が「ダイヤモンドの原石」であるなら、強みはていねいにカットされ、磨かれたダイヤモンドのようなものといえるでしょう。したがって強みは、才能が「知識」や「スキル」で磨かれたときに生み出されるといえます。

強みをきちんと発達させ、適切に利用すると、すばらしい結果が生まれます。そのためには、以下の原則が守られなければなりません。

- 自分の才能を理解し、信じること
- 自分の才能を重要視し、才能に対する個人的な責任を負うこと
- 自分のモチベーションを理解し、行動する理由を知ること。人生の目標や目的を明確

にすること
●思いやりがあって、成長を促すような人間関係を築くこと
●過去の成功を思い出すこと
●自身の才能や強みを実行に移すこと
●他の人に才能や強みを伝えること

自分の才能・強みに気づいたら、それに最も合う職業は何かを考えることは大切です。どんな活動でも、その人の強みによって取り組み方が異なる場合もあります。たとえば、勉強法なども異なります。もしあなたの強みが「調和性」なら、まず自分が賛同するものに注目し、そこから幅を広げていく必要があるかもしれませんし、もしあなたの強みが「分析思考」なら、議論における微妙なニュアンスを拾い上げ、意見に疑問を持ち、書かれている内容を盲目的に受け入れずに、バランスの取れた結論を考えたほうがよいでしょう。

ヒントとツール

強みを見つけ、活かすには

表11－1の中で、あなたの「特徴的な強み」はどれだと思いますか。その答えを出すには、24種類の強みのそれぞれについて、1から10までの点数をつけるとよいでしょう。点数をつける基準は、あなたがどうなりたいかではなく、現在のあなたがどうであるか、です。高い点数がついた強みを抜き出し（最も高かった5〜6種類の強みでもいいですし、8以上の点数がついた強みでもかまいません）、それぞれについて、さらに3つの質問をしてください。「これが本当の私なのか」、「この強みを使うことは楽しいか」、「エネルギーがあがり、ワクワクするか」

自分の特徴的な強みが決まったら、そうした強みを人生の重要な領域すべてに適用する方法を考えてみましょう。**表11－2**のギャラップ社の分類でも、同じワークを行い、結果を比べることもできます。

表11-2　ギャラップ社による強みの分類

• 達成欲 （目標の追求。生産性。成果から得る満足感）	• 目標志向 （優先順位を決める。方向性を見つける。能率）
• 活発性 （物事を進め、完了させるエネルギー）	• 未来志向 （未来に焦点を置く。可能性を見いだす。他者に活力を与える）
• 適応性 （状況の必要性に応じて自分を変える。調整、柔軟性）	• 調和性 （共通のものを見つける。対立を避ける）
• 分析思考 （原因と結果の理解。批判的思考）	• 着想 （創造性。独自性。新しいアイディアや概念）
• アレンジ （組織・調整する。人や資源の最適な組み合わせを特定する）	• 包含 （他者を統合したり、能力を発揮させたりする）
• 信念 （確固とした価値観を持つ。人生に意義を見いだす）	• 個別化 （他者をそれぞれ違った個人と見なし、才能を認識する。違いに注目する）
• 指令性 （対立や危機に対処する能力。責任者となる能力）	• 収集心 （積極的に知識を得る。好奇心）
• コミュニケーション （説明、釈明、会話が得意なこと）	• 内省 （様々な方向で思考する。理性的な話し合い、解決策）

- **競争性**
（優れた結果を残そうと懸命に努力する。達成、勝利への意欲。他者との比較）
- **運命思考**
（アイディアや出来事を、意味のある全体像に結びつける）
- **公平性**
（公平。公正。善悪を判断する）
- **原点思考**
（過去にパターンを見いだす。歴史的展望を持つ）
- **慎重さ**
（よい決断をする。注意深い。すべての選択肢の熟考）
- **成長促進**
（他者の潜在能力を見いだし、成長を助ける）
- **規律性**
（組織立てる。適切な時間管理。秩序と構造）
- **共感性**
（他者理解。援助関係の構築）
- **学習欲**
（学びの過程を楽しむ。進歩に注目する）
- **最上志向**
（個人や集団の優れた部分を強化する）
- **ポジティブ**
（熱意。楽観主義。興奮。他者への刺激）
- **親密性**
（親密な個人的関係の構築）
- **責任感**
（頼りにできる人物。多くの義務や責任）
- **回復志向**
（問題を認識する。問題解決能力）
- **自己確信**
（自信。独立した思考）
- **自我**
（承認への高いモチベーション。勤勉）
- **戦略性**
（賛否や全体像を把握する。適した行動計画を生み出す）
- **社交性**
（人とすばやく打ち解ける。集団や関係性を構築する）

出典　クリフトン＆アンダーソン（2001-2002年）

◇CAPP社のリアライズ2

近年、強みを定義し、分類し、測り、使う新たなアプローチが広く知られるようになりました。CAPP社（応用ポジティブ心理学センター）によって開発されたこの分類法は、イギリスではまたたくまにメジャーになりました。

「リアライズ2」は、他の2つの分類法をはるかに上回り、「行動」から「労働倫理」に至るまで60種類の強みを示してくれます。60種類の強みは多すぎてここでは紹介できませんので、この章の推薦図書を参考にしてみてください［リンレイ他2010年］。

リアライズ2は、単に強みの種類を最大に増やしただけでなく、強みの特性についての理解を深めました。リアライズ2では、強みが「活力を与えるか」、「能力を向上させるか」、「頻繁に使われているか」といった点に基づいて、「活用している強み」、「もっと活かせる強み」、「習得した特性」、「弱み」を分類しています。

● **「活用している強み」**は、あなたがすでに気づいて使っている強みです。あなたに活力を与えたり、ベストのパフォーマンスを引き出したりしてくれています。あなたはその強みを頻繁に利用しているでしょう。状況に応じて適切に利用することによって、

僕の強みは「謙虚さ」だよ！
僕の強みは「寛大さ」だよ…。

それらの強みをアレンジしなければなりません。

●**「もっと活かせる強み」**は、労働状況や環境のせいで、あなたが日常的に活かしていないであろう強みのことです。しかし、その強みを活かすチャンスがあれば、あなたはそれらの強みを発揮することに活力や満足感を見いだすでしょう。これらの強みは最大化する必要があり、もっと伸ばしたり、使ったりする機会を見つけなければなりません。

●**「習得した特性」**は、時がたつにつれて、うまくできるようになってきた行動を指します。しかし、その行動をしても楽しみや活力を見いだせません。それどころか、エネルギーが出なくなったり、疲労を感じたりすることすらあります。したがって、このような行動には抑制が必要で、本当に必要なときにだけ実行されるべきです。

●**「弱み」**は、不得手で、エネルギーの消耗を感じさせるすべての事柄を指しています。弱みは、問題を生じさせる可能性があるため、あなたの人生の成功を妨げないように管理し、最小化する必要があるでしょう。そうするためには、自分の強みを利用して補ったり、仕事の役割を変えたり、補完してくれるパートナーやチームを見つけたりすることができます。それができなければ、なんとか切り抜けることができる程度まで弱い部分を伸ばす方法を学べばよいのです。

◇強みを伸ばすのが本当にいいのか？

強み理論の概念や分類の仕方には大きな違いがあっても、強みの有用性については多くの考え方が一致しています。それらは皆、強みに基づいた枠組みを労働環境に導入すること、強みを測定し、それに基づいて人を採用することを勧めています。個人は強みを活かしたときに最適に機能でき、能力を発揮できると主張している点でも同じです［リンレイ＆ハリントン2006年］。これほどポジティブな議題では、論争の種を見つけるのは非常に難しく思えます。しかし実際には、いくつか気になるところがあります。

まず、これらの強みの分類がどれほど包括的なのか、明らかではありません。たとえば、先ほどあげた2つの表の中には、「穏やかさ」、「自己認識」、「我慢強さ」、「自発性」といった項目が含まれていないことがわかります。おそらく、これらは分類の際の基準に沿わなかったのでしょう。しかし、基準はどのように選ばれ、なぜ有効だといえるのでしょうか。

処理しやすい数まで強みを絞り込むことによって、私たちは人生を単純化してしまっているのではないでしょうか。リストに載っていない強みを持つ人たちを、不利な立場に追いやってはいないでしょうか。

ポジティブ心理学では、人の強みを特定する最良の方法として、強みテストを受けることを推奨していますが、それが正しくないということもありえます。数年前、私は初めてＶＩＡを受けたとき、自分の強み上位５つの中に「楽観主義」が含まれていることは当然だと思っていました。しかし、３人の近しい人に、「あなたほど悲観的な人には会ったことがない」と別々の機会に言われたときに、初めて自分の「特徴的な強み」に疑問を持ち始めたのです。表面上、私は陽気で未来志向でも、内面は非常に悲観的でした。それなのに、私は自分のことを楽観主義者だと固く信じていたのです。テストの結果は単に私の偏見を映しだしたのにすぎなかったのです。

また、すでに得意なものに焦点を合わせることが、成果を高めることになるという点に関して異論はありませんが、バランスの取れた人格の形成という側面では、どのような影響があるのでしょうか。強みの枠組みは、成果こそが重要だと考えるアメリカ的なイデオロギーには、すばらしく適合しています。激しい競争の中では、成功するために強みを発揮する必要があるでしょう。そうすることで、頭角を現し、競争に勝つことができます。

しかし、勝利することが自分の関心事や目的でない場合は、どうしたらよいのでしょうか。

弱みを改善しようとするのは見当違いだという主張は、本当に正しいのでしょうか。もしあなたが才能あるテニス選手で、フォアハンドは得意だがバックハンドは苦手だという場合、バックハンドの問題は無視すべきでしょうか。もし、あなたが重要視する分野に弱みを持っていたら、どうすればよいでしょう。たとえば、あなたが知識に関する強みは多く持っているものの、人間性や愛に関しては得意でなかったとします。しかし、それでもあなたは、愛のある深い関係を築きたいと思うかもしれません。あなたは本当に、強みを活かすことだけに集中すべきなのでしょうか。

強み理論は、ある意味、ポジティブ心理学において裏づけのある別の理論、「マインドセット理論」（考え方が大切だと説く理論）と矛盾しているようです［ドゥエック２００６年］。キャロル・ドゥエックによって提唱・実証されたこの理論では、「人間の能力は生まれながらに決まっている」という考え方をとってしまうと、たとえ能力が高かったとしても、めざしたことが予想以上に困難で、失敗で終わった場合には、努力をやめて、「無力感」につながってしまうとしています。わかりやすく言うと、自分のことを賢いと思っていたとしても、解けない数学の問題に出くわした場合、その問題を解けるほどには賢くないので、努力する意味などないことになります。

この「**固定型マインドセット**」は、「**成長型マインドセット**」（人は適応性があり、努力によって変化できるという考え方）と対照をなすものです。成長型マインドセットを持つ人は、失敗しても、自分が優秀でなかったと考えるのではなく克服しようと努め、純粋に努力を続けます。つまり、強みを特定しようとすると、強みを「固定」したり、強みを生来のものと見なしたりする可能性があるので、固定型マインドセットに陥るという懸念もあるのです。強み理論を唱える研究者の中で、リンレイだけがこの問題について次のように釈明しています。「私たちの強みは、生まれたときに決まっているものではない。人生を歩んだり、様々な状況を経験したりするうちに、強みが出現し、発達し、進化を遂げるのだ」［リンレイ2011年］。

そして最後の問題は、もし強みを伸ばしすぎたらどうなるかということです。極端な創造性は無秩序に姿を変えることがありますし、好奇心、勇気、楽観主義は無謀な行動につながります。粘り強さは行きすぎると頑固につながり、親切もおせっかいになることがあるでしょう。市民性も、ナショナリズムや宗教的狂信につながるかもしれません。公平を期すために言うと、リアライズ2はこの危険を認識しており、強みの利用は、ボリューム調整のボタンを使うのと同様に調整されるべきだと提案しています［リンレイ他2010年］。

したがって、その問題に対する解決策は、ありきたりではありますが、やはり節度とバランスが大切だということになるのでしょう。

推薦図書

『「やればできる！」の研究―能力を開花させるマインドセットの力』（キャロル・ドゥエック著　今西康子訳）草思社

アレックス・リンレイ、ジャネット・ウィラーズ＆ロバート・ビスワス＝ディーナー（2010年）『The strengths book（ストレングス・ブック）』

愛
Love

12

人間らしい根源的な欲求の一つに、**「所属欲求」**があります。自己決定理論（第6章）では、それを関係性の欲求（親密で安定した人間関係を持つことへの欲求）と呼んでいます。長期にわたって孤独を感じると、私たちはしばしばネガティブ感情や不満を抱きますが、**所属欲求が満たされたときには、ポジティブ感情や感覚を経験します**［バーシャイト2003年］。

所属欲求は、別の基本的欲求と共存しています。それは、自己の境界を拡張したいという欲求です。自己拡張は、物質の所有や、お金、権力、影響力、愛など、様々な手段を通して達成することができます。愛は「私」と「あなた」という分離した存在を、急速に（したがって非常に心地よく）「私たち」に変え、主観的に融合されたような体験をさせてくれます［アーロン＆アーロン1996年］。

ポジティブ心理学では、人間的なつながりに重きを置いています。そのいくつかの例をご紹介しましょう。まず、人間関係、特に結婚などの親密な関係は、幸福に影響を与える要因として最も有力なものです。既婚者の40％は自分のことを「非常に幸せだ」と回答していますが、同様の回答をした未婚者は23％にすぎません。重要視されている強みの多く（愛、親切、心の知能、許し、チームワークなど）が、対人関係に関連しています。安定した人間関係を持つ女性は、そうでない女性よりも定期的に排卵し、更年期が遅くなることもわかりました。安定した結婚生活の下で育つ子どもは、そうでない子に比べ、学業、精神的健康、人間関係において、よりよい結果を見せると言われています［セリグマン2002年］。

私たちが現在のように愛という概念を意識するようになったのは、ごく最近のことです（もちろん、その核となる経験自体は昔からあるものですが）。たとえば中世では、通常の「愛」の形式は「騎士道的愛」でした。非常に情熱的で、儀礼的で、たいていは結婚できない間柄の2人が交わす愛です。つまり、ほとんどの場合、愛は成就できなかったということになります。西洋においては、18世紀まで、愛のある結婚は一般的ではありませんでした。

しかし現在では、愛情を感じ、それを維持し続けることが、長く続く結婚生活に欠かせないものと思われるようになりました。情熱的な愛が短命に終わりやすいとすれば、親密な関係が長続きしにくいのは不思議ではありません。現在では、時間が経過しても長続きするように、愛の基礎としての友情を育む傾向が主流となってきました［ヘンドリック＆ヘンドリック２００２年］。

◇愛のモデル

愛のモデルや概念には多くの種類がありますが、ここでは、そのうちの一部をご紹介しましょう。ここで紹介するものは、ポジティブ心理学で人気の高いものか、理論的・実証的基盤が確立しているものです。

愛着理論

愛着理論は、人間関係を包括する枠組みとしてよく論じられています。その理由は、この理論が、子どもと大人両方の人間関係を解き明かそうとしているからでもありますし、他のどんな愛や人間関係に関する理論よりも、学術的基盤として多くの研究を支えてきたからでもあるでしょう。

この理論の根本にあるのは、乳幼児には生まれつき愛着システムが備わっており、それが養育者と親密さを築かせ、生存の可能性を高めるという概念です［ピーターソン＆セリグマン2004年〕。典型的な1歳児は、母親がそばにいると上機嫌で遊びますが、母親がいなくなってしまうと動揺して泣き、母親との親密さを取り戻そうとします。これは乳幼児の行動として通常のパターンですが、心理学者たちは、すべての子どもが同様のパターンの愛着を示すわけではないことを発見しました。

彼らは、有名な技法**「ストレンジ・シチュエーション法」**を用い、母子の絆を明らかにしています。この実験では、母親が退出している間、初めて会う親しみやすい人と1歳児を部屋に残すという場面があります。愛着のパターンは、母親と再会したときに子どもが示す反応によって区別されます。

「安定型」の子どもは、母親がいなくなると動揺しますが、母親が戻ればすぐに落ち着くのが特徴です。

別のパターンをとる子どもたちもいました。彼らは、より強い不安感を示し、母親と密着したがります。母親と離されると非常に動転しますが、母親が戻った際に安心させようとしても抵抗し、長時間にわたって泣き続けます。このパターンの愛着は**「葛藤型」**です。

3つ目のパターンの子どもは、母親がいなくなったことに表面上は影響を受けていないように見え（生理学的には明らかに不安が表れているのですが）、母親が帰ってきたときには接触を避けたがります（じっと見られても視線をそらす、母親が遊びに誘っても無視するなど)。この愛着パターンは**「回避型」**と呼ばれます。

1歳の赤ちゃんが示す反応が、愛と何の関係があるのだろうかとお思いでしょう。多くの研究者たちが示しているのは、子ども時代の愛着パターンによって、大人になってからの愛着パターンが予測できるという事実です。「安定型」の子どもは「自律型」の大人へ成長し、「葛藤型」の子どもは「不安型」に、「回避型」の子は「愛着軽視型」の大人になると言われています。

興味深いことに、ストレンジシチュエーション法のテストを受けた乳幼児は、たいてい親のパターンに呼応する結果を示します(たとえば、親が自律型なら子どもは安定型になるなど)。さらに、大人になってからの愛着パターンは、恋愛にも影響を与えることがわかりました。

● **「自律型」**の大人は、他人と容易に親しくなり、信頼したり、信頼されたりすることができ、相互に依存した関係を心地よく感じます。自律型の愛着スタイルの人は、対立を解消する際に建設的な方法を使い、自尊心が高く、落ち込みが少なく、離婚しにくいのが特徴です[ピーターソン&セリグマン2004年]。

●**「不安型」**の大人は、恋愛関係の相手に対し、融合するのではないかというほど非常に親密になることを求めるため、相手が怖がって逃げてしまうこともあります。このタイプの人は、パートナーが十分に自分を愛していないのではないかと不安になることが多いでしょう。

●**「愛着軽視型」**は「不安型」と正反対のタイプです。愛着軽視型の大人は、他の人に近づくことが非常に不愉快で、人を信用したり、人に頼ったりすることを難しく感じます。このタイプの人は、独立性や心理的距離を重視し、人から簡単に遠ざかるのが特徴です。

近年の研究では、大人の愛着理論の妥当性を示す、さらなる証拠が提示されました。あなたがパートナーの依存心を受け入れてあげることで、パートナーはより自立し、独力で探求できるようになり、自主的な目標の達成、独立感覚、自立心、自信、能力の獲得がしやすくなります。そしてさらに重要なことに、パートナーに依存することを受け入れてもらった人の独立心は、6カ月後には、さらにいっそう強まるというのです。

簡単に言えば、**依存心の受容が自立を促す**ということです。母親が赤ちゃんの依存欲求を受け入れてあげることで、赤ちゃんが必要な時期に母親と離れられるようになるのと同様に、大人も依存心を受容してあげると安心感を持ち、独力で世界を探求し始めるようになります。ですから、もし大人の誰かがあなたにしがみついてきたとしても、その一見幼稚な行動をすぐにはねのけたりはしないでください。

愛のトライアングル理論

「愛のトライアングル理論」は、知恵のバランス理論を唱えたのと同じ心理学者、ロバート・スタンバーグによって確立されました。彼の良書『The triangle of love : Intimacy, passion, commitment（愛のトライアングル：親密さ、情熱、コミットメント）』［1988年］は、「情熱的な愛は、それ以降は下がることしかない高みから始まる」という、やや悲観的な観察から始まります。しかしこれは、他の要素が影響を及ぼしていない場合の話です。

スタンバーグは、愛とは**「親密さ」**、**「情熱」**、**「コミットメント」**が合わさったものと考えました。「親密さ」とは、自己開示や、パートナーとの感情や思考の共有を意味します。「情熱」とは、性的興味や欲望のことです。特定のパートナーと一緒にいようと決断することは、「コミットメント」と呼ばれます。

これら各要素は、あらゆる人間関係において、どれかが強かったり弱かったりして、それによって8タイプの愛情に分けられます。3つの要素すべてが弱い場合は**「非愛」**、親密さだけが強い場合は**「友情」**、情熱だけの場合は**「心酔」**（一目ぼれのときによく感じるもの）、コミットメントだけの場合は**「虚愛」**（情熱がなくなったときに残るもの）です。親密さとコミットメントが合わさると**「友愛」**、情熱とコミットメントは**「愚愛」**、親密さと情熱は**「情愛」**となります。3つの要素すべてが強い場合は**「完全愛」**と呼ばれます。

スタンバーグは、1つだけの要素を基礎とした関係は、2つ以上に根ざした関係よりも長続きしにくいと主張しました。言うまでもありませんが、完全愛はわずかな人しか獲得できない理想の関係であり、それを維持できる人はさらに少ないといいます。

愛の形

愛の研究者たちは、6タイプの愛を区別しています。その愛の形のいくつかは、哲学的な愛の概念に基づいたり、微妙に対応したりしています［コント＝スポーンヴィル2004年］。

● **「マニア」**は、名前が示す通り、やや熱狂的で若干異常とも思える愛のことです。

「あなたが欲しいけど、近づくのが怖い」、「あなたが欲しいけど、嫌い」などがその典型的な表現でしょう。このスタイルの愛では、感情の爆発や激しい口論、その場を立ち去ってしまうことや、嫉妬心の爆発、情熱的な和解（たいてい、情熱的な性行為を伴う）といった特徴がよく見られます。

● **「ルダス」**は、恋愛をゲームのように考えることです。

楽しく浅い関係で、コミットメントではなくお互いの楽しみに基づいたスタイルを指します。その相手は特定の1人ではありませんし、特定の人である必要もないでしょう。このスタイルにはやや情熱も見られますが、エロスほどの激しさはありません。

● **「プラグマ」**は、実利主義に基づいた愛です。

このタイプの愛し方をする人は、チェックリストのすべての項目（稼ぎがいいか、いい親になりそうか、外見がいいかなど）をクリアする「理想の相手」を探し求めます。

● **「エロス」**は、激しく情熱的な愛で、相手を理想化します。

手に入れたい、所有したい、保ち続けたい、という欲求であるエロスは、スタンバーグの考える情熱にも似ているでしょう。エロス的な愛とは根本的に、求めることを意味します。

このスタイルの愛には信頼や信用が伴わないため、しばしば相手への疑念がわき、不幸や苦しみが生まれます。

●**「ストルゲ」**は、友情に基づいた愛のことです。

ストルゲは、ギリシャ人たちが呼んだ「フィリア」、つまり、相手のために愛するという、うれしく、楽しく、分かち合う愛に似ています。愛するとは、相手が存在することを幸せだと感じ、相手の幸福を祈ることです。

性や情熱もその一部をなしますが、ストルゲを動かす原理とはなりません。このタイプの愛は、スタンバーグのいう友愛や、次のセクションで述べる別の学者の定義する「友愛」と対応しています。

●**「アガペー」**は、無私無欲で、受け入れ、与え、相手の幸せに主眼を置く愛です。

相手を受容し、守り、身を捧げ、愛や他の一切のものを見返りに求めようともしません。後期のギリシャ哲学では、アガペーはたくさんの他者への愛と定義され、それは必ずしも近しい人々ではない、隣人や友人、敵にさえ向けられる愛だと考えられました。

アガペーは宗教的な愛の概念に密接に関連し、「慈悲」とも呼ばれます。

心理学では、これら6種類の愛は独立した存在です。しかし哲学では、主要な愛は3種類で、それは連続して起こるものと言われています。つまり、最初の衝動はエロスとして現れ、最後にはアガペーに行き着くといった具合です。一方、フィリアは、情熱から始まり、無償の思いやりへとつながる、比較的喜びに満ちた道を意味します。しかしこの道は、フィリアの説明が与える印象ほど、簡単に歩めるものではないかもしれません。

熱愛と友愛

多くの学者たちは、「熱愛」と「友愛」という、愛のタイプを大きく2つに分けて、明確に区別しています［ヘンドリック&ヘンドリック2002年］。

「熱愛」とは、心酔した状態と同等のもので、相手に完全に夢中になってしまうほどの強い欲望です。熱愛はよく、興奮や歓喜の瞬間、受容された感覚、安心感、さらには融合や超越した感覚まで伴うことがありますが、同時に気分の変動や不安、絶望、嫉妬といった特徴も示します。

一般的には、恋に落ちることは抑えられないと信じられているかもしれません。しかし実際には、他者に対する自分のニーズや欲望が満たされたことを確認したときや、単純に自分の理想を相手に投影したとき、人はたいてい恋に落ちます。熱愛は一時的なものです。遅かれ早かれ、理想の相手と実際の相手との必然的な違いが無視できないほど顕著になってくるからです。

「友愛」とは、人々がお互いに感じる深い愛情のことです。制御や予測がきかない情熱の炎で始まる愛も、初期段階を乗り越えた場合、たいてい美しい友愛の光へと落ち着きます。友愛は熱愛ほど激しくはないかもしれませんが、長続きしやすいものです。友愛には、4つの要素があると言われています。それは、「いる」、「行動する」、「留まる」、「成長する」です［ポポヴィック2005年］。

「相手と共にいる」とは、受容、世話、尊重（自分を尊重することも含む）、相互の平等を意味します。**「相手と行動する」**とは、各自のものだけではなく、共通の目標や活動、関心事を持つことです。行動には時に、相手への援助や慰め、保護が伴います。**「相手のもとに**

留まる」ことは、両者の間のコミットメントに基づいています。これは、親密感や親近感によって後押しされるものです。**「相手と成長する」**とは、自身の利益を超越することや、変わろうという意欲を持つことを指します。

人は誰でも、一生を通じて、変化します。変化は、人生や人間関係の不可欠な要素でしょう。パートナーとのつきあいにおいて重要なのは、双方の変化の度合いや方向性が、ある程度合っていることです。これはパートナーとの関係に有益となり、成長を高めてくれるでしょう。

熱愛と友愛はたいてい連続的に現れるものと考えられ、お互いに排他的であるとみなされることもありますが、その2つが1つの関係に共存できると主張している研究者もいます［ハットフィールド1988年］。

◇愛と時間

「愛の科学者」として高い評価を受けているジョン・ゴットマンとジュリー・ゴットマンの2人は、離婚を90％の正確性で予測することのできる、**「ヨハネの黙示録の四騎士」**とも言うべき要素を特定しました（ヨハネの黙示録の四騎士とは、それぞれ地上の四分の一を支配する権力や、地上の人間を殺す権力を与えられている人物で、人間を破滅にもたらす疫病、戦争、飢饉、死を象徴する存在です)。

- **批判** 相手の悪いところを取り上げ、「いつも」や「まったく」といった言葉で文句を言う。
- **軽蔑** 敵意や冷笑、嫌悪感を加えて、批判をさらに一段階上げる。
- **防衛** 「自分は悪くない」と身を守り、責任を取ることを避け、言い逃れをする。
- **無視** 聞く耳を持たず、会話にも加わらない。

一方、いい友人のように振る舞い、尊敬や愛情、共感を多く示し、対立を優しくポジティブな方法で解消することは、長続きする結婚の信頼できるサインと言われています[ゴットマン&レベンソン2002年]。

ヒントとツール

パートナーシップを崩壊させるために有効な10の方法

1. パートナーの行動ではなく、その人自身を批判する。
2. 侮辱や敵意のあるユーモア、冷笑などで、定期的に軽蔑を表す。
3. パートナーをコントロールしようとする。
4. いかなる場合でも自己防衛的になる。
5. パートナーを、「いて、あたりまえ」の存在とみなす。
6. パートナーや、パートナーがしていることに興味を示さない。
7. 身体的・心理的に距離を置き、コミュニケーションを避ける。
8. いきなり口論を始めて、核心をつく。
9. パートナーが帰宅したとき、必ずテレビをつけておく。
10. どちらかが平等な関係を望んでいたとしても、かたくなに伝統的な役割を押しつける。

マインディングモデル

結婚生活の満足度には、いくつかの客観的な要素が関連しています［ニューマン&ニューマン1991年］。それらは、教育レベルが高いこと、社会経済的地位が高いこと、興味や知能レベルが近いこと、家族周期の初期（子どもを持つ前）か、後期（子どもが成長した後）であること、性的な相性がいいこと、そして、女性にとっては、結婚が遅いことです。

しかし多くの場合、客観的な環境を変えるためにできることは多くありません。たとえば、すでに幼い子どもがいれば、生まれていない状況に戻したり、子どもの成長を早めたりすることは不可能です。したがって、夫婦関係を保つカギは、あなた自身やパートナーの努力と粘り強さということになります。人間関係構築の**「マインディング（心の持ち方を重要視する）モデル」**が焦点を当てるのは、愛の構成要素というより、「どうしたら愛を長続きさせ、育めるか」という点です［ハーベイ他2004年］。マインディングモデルは、よいパートナーシップに必要な5つの構成要素を明らかにしています。

1．知ることと、知ってもらうこと

お互いをよく理解しあうための行動で、考えや気持ち、態度、過去の歴史について質問したり、打ち明けたり、わかりあったりすることを指します。大切なのは、

ただ自己表現をしようとするのではなく、相手のことを理解したいという欲求を持つことです。相手のことを知れば、当然ながら、2人の関係は円滑になるでしょう（たとえば、パートナーが皿洗いが嫌いなら、かわりにやってあげるなど）。

しかし、関係が進むと、相手を知ることはより難しくなっていきます。それは、相手の言うことをあたりまえのことと考え、すでに知っていると思ってしまいがちだからです。

2. 適切な原因分析

パートナーの行動について適切に原因分析することが重要です。関係をうまくいかせるには、プラスの行動をパートナーの人格や意思に帰属させ（「彼は私と時間を過ごすために仕事を早く終わらせてくれた」など）、マイナスの行動は、まちがっていることが証明されないかぎり、外的な状況（交通渋滞、仕事が大変だったなど）に帰属させるのがよいでしょう。

3. 受容と尊敬

受容と尊敬は、普段の生活だけでなく、口論をしているときでも、いえ、むしろ口論しているときこそ、不可欠な要素です。敬意を持ってお互いの話を聞き、相手の反応を受け入れ、妥協点を見いだそうとすることが大切です。何か特定の事柄について不平を言うことは健康的なことですが、相手自身を批判してはいけません。

お互いに気配りをしているカップルは、ネガティブな気持ちのままで過ごそうとはしません。彼らは、口論の中では、罰（「そんなことだと、～するぞ」）よりも、報酬（「～してくれれば、～してあげる」）の表現を用い、日常生活で多くのことを確認しあっています［セリグマン2002年］。

研究結果によると、幸せなカップルはポジティブなやり取りとネガティブなやり取りを5対1の割合で行っていることが判明しました［ゴットマン1993年］。

4．互恵性

互恵性とは、対等感覚と関係していて、投資に見合うだけの利益が得られる状態のことです。パートナーシップは、どちらも損をしていないと感じるときにうまくいきます。たとえば、家事を分担することはよい例でしょう。

便宜上、特定の役割を振り分けることはまったくかまいませんが、そうするときは尊敬や承認、感謝を忘れないようにしなくてはなりません。

5. 継続性

いいパートナーシップは、最終目標というよりプロセスであるため、時間と継続が必要です。関係性は常に発展していくものなので、新たな情報や性格の変化、ライフサイクルとともに調整していくことが必要です。

多くの研究者たちの主張では、幸せなカップルはお互いについてのポジティブな幻想を持ち続けていることが多いといいます［セリグマン2002年］。幸せなカップルは、友人たちにはわからない一面を見いだせるだけでなく、パートナーの明らかにネガティブな要素にもポジティブな説明を与えることができるでしょう（たとえば、頑固さは意志が強いと解釈するとか、過剰な嫉妬は愛が深いと考えるなど）。

マインディングの研究者たちは、この立場には同意せず、強い現実志向を唱えています。彼らは、人間関係に焦点を当てるとすれば、苦痛が伴って避けたくなるような事柄についても話し合う必要性があるとしました。問題に対処することは、人間関係の質の向上に貢献するという主張です［ハーベイ他2004年］。

すべての人間関係において、おそらくある程度の苦痛は避けられないかもしれませんが（浮気や仕事、家族のプレッシャーなど）、よい関係を築いているカップルほど、相手を許することができるようです。**「許し」、すなわち、恨む気持ちを手放すこと**は、よい関係を作るための重要な強みであり、共感や、他者の気持ちを理解する能力と密接に関わっています。

許しの価値とは、誰かに不当に扱われたとは認めながらも、その後に刺さった「心のとげ」を取り除くことにあるとセリグマンは考えました。実際、許しは経験そのものを変化させることもできます。許しのポジティブな効果を証明する実証的な研究も多く、許しは怒りを軽減し、楽観性を高め、健康を増進させることがわかりました［セリグマン2002年］。

人間関係に欠かせないスキルとしては、**「感謝」、つまり、パートナーの存在を当然と思わないこと**も重要です。感謝を表すことは、幸福やウェルビーイング、運動、人生の満足度、楽観主義、熱意、愛につながっていますが、それは感謝が幸福を獲得する基本的戦略の一種だからです［エモンズ2007年］。これについては、次の章で詳しく説明します。

非常に望ましく、心地よい存在状態である愛は、容易に獲得できるものではありません。それは、適したパートナーを見つけるのが難しいからというだけでなく、**愛を維持し、発展させることには、多くの努力が必要とされるからです。**私はこの章を、人間性心理学者エーリッヒ・フロムの言葉で締めくくりたいと思います。彼は1957年に書かれた（当時と同様に今も革新的な）著書『愛するということ』の中で、次のように述べました。

「成熟した愛とは、個人の完全性や個性が保たれた条件の下での結合である。愛は人に備わっている能動的な力であり、その力は他の者たちと隔てる壁を壊させ、人を他者と結合させる。愛は孤独感や隔絶意識を乗り越えさせるが、しかし同時に人をその人らしくさせ、その人の完全性を保たせる。愛においては、2人の人間が1つになるが、しかし2人のままでもあるという、逆説が生じるのだ」

推薦図書

『愛する二人別れる二人―結婚生活を成功させる七つの原則』（ジョン・ゴットマン&ナン・シルバー著　松浦秀明訳）第三文明社

ロバート・スタンバーグ（1988）『The triangle of love : Intimacy, passion, commitment（愛のトライアングル：親密さ、情熱、コミットメント）』

ポジティブ心理学を暮らしに活かすには

Positive Psychology Interventions

13

この章は、本書を読み進めていくなかで、「それでは、具体的に何をしたらいいのか」と疑問がわいてきた方にぜひ読んでいただきたい章です。ポジティブ心理学で明らかになったことを、日常生活の中で実践するには、どうすればよいのでしょうか。この本の第1版が出版されてからというもの、ポジティブ心理学の比較的シンプルな介入法（実践活用手法）が、比較検証を通して、大きく進歩しました（比較検証とは、被験者たちを無作為に2つかそれ以上のグループに分け、1つのグループには検証したい介入法を、他のグループには偽の介入法をさせて、比較するというものです）。

これからご紹介する各メソッドは、それぞれが関連しあったパーティーの買い物リストというよりも、日々の食料品のバラバラな買い物リストのようです。これこそが、実に的確に、ポジティブ心理学の現状を表しています。介入法は複合的に検証されているのではなく、それぞれ個別に検証されています。

この検証のやり方のメリットは、それぞれの介入法の効果を別々に導き出せる点です。

デメリットとしては、個々の効果しかわからないことです。いくつかの手法を組み合わせて検証すれば、1つずつ検証するよりも効果があることがわかるかもしれません。いずれにせよ、それに関しては時を待つとして、この章では内容を充実させるため、効果があることは認められてはいるものの、まだ比較検証はされていない介入法も実証済みの介入法の後に載せました。

◇実証済みの介入法

1. 3つのいいこと

これはポジティブ心理学の手法の中でおそらく最もパワフルなもので、様々なやり方が検証され、実に興味深い結果が出ています［シェルドン&リュボミアスキー2004年、セリグマン他2005年］。このワークを行うと、6カ月にわたって幸福感が増し、落ち込みが軽減されると判明しました［セリグマン他2005年］（これは、6カ月が過ぎると効果が失われるという意味ではなく、単に6カ月以上の追跡調査が行われていないということです）。

そのやり方は、いたってシンプルです。1週間、毎晩寝る前にその日を振り返り、あなたにとってよかったことを3つ考えるのです。3つのよいことを書きとめ、その中であなたが果たした役割を考えます。このワークの注意点は以下の3点です。
①書きとめることが大切です。というのは、書きとめることで、よい出来事に意識を向けることができるからです。②あなたの果たした役割について振り返ることは、コントロール感を強め、結果的にウェルビーイングを高めてくれます。ただし、よい出来事におけるあなたの役割は、いつも明白とはかぎりません。たとえば今日の空が美しく青かったとしても、そこにあなたがどう関係したというのでしょう。もしかしたら、その答えは「あなたがその美しさに気づいた」ということになるのかもしれません。③大切なのは、ワークを行う期間です。毎日1週間続けたほうがいいのでしょうか。それとも、週1回を6週間続けたほうがいいのでしょうか。研究結果によると、このワークを週3回、6週間行った人のウェルビーイングは、実は、わずかに低下してしまいました。なんでもやりすぎはよくないということでしょう［シェルドン&リュボミアスキー2004年］。
結論としては、最良の結果を出したのは、このワークを一週間実践した後、時々、よいことを思い出し続けた人たちでした。以上の結論として言えるのは、よいことを折に触れて、気づくようにすることは意義のあることだけれども、この作業を日常の雑事のようにおざなりに行ってはいけないということになるでしょう。

この時点で、私があたかも突然、批判能力をすべて失って、「これは最も効果がある」と過大な賛辞ばかりする人物になってしまったようにお思いなら、話の続きを聞いてください。この研究データが初めて発表されたとき、私はこのワークを学生たちに紹介しましたが、そのあまりの単純さに少し気恥ずかしい思いがしました。そこで、私は自分自身でも試してみることにしたのです。

最初の晩は、よかったことを1つ思い出すだけで30分もかかりました。それなのに、プレゼンテーションで演じた失態や、数々の返信していないメール、その他、遅れを取っているプロジェクトなどは、ほぼ完璧に思い出すことができたのです。2日目の夜には、よいことを思い出そうとしている間に、私が帰宅したときになぜ夫があれほど怒ったのか、突然理解できました。私は、仕事から戻るとすぐに、キッチンが散らかっている理由を夫に詰問していたのです。まだコートも脱がないうちに、です。そして3日目の夜には、また、3つのいいことを思い出そうとしている間に……。後は、もう言わなくてもおわかりですよね。

2. 感謝の訪問

もし幸福感を今すぐに上昇させたければ、この方法を試してください［セリグマン他2005年］。断っておきますが、幸福感の上昇は必ずしも長持ちするものではなく、6カ月後には元の状態に戻っているかもしれません。しかし、だからといって一時的なウェルビーイングの上昇は意味がないということにはなりません。

過去に何かをしてくれて、あなたが感謝している人のことを思い浮かべてください。紙かノートパソコンを取り出して、その人に手紙を書き、その人があなたに何をしてくれたか、そのおかげであなたの人生にどのような影響があったかを書きましょう。書き終えたら、相手に電話をして会う約束を取りつけ、可能であれば相手の家まで行きます。そして、相手の目の前に立つか座るかして、手紙を読み上げるのです。

私が講義でこのワークについて説明し終わると、10回中9回は受講者たちからクスクスという笑い声が聞こえてきて、私はいったん話を中断しなければなりません。明確にしておく必要があると思いますが、私が講義をしている相手は、たいていイギリス人を含むヨーロッパ人です。アメリカ人の聴衆が相手では、今までそのような笑いは起ったことはありません。

このワークにはよく、モラル上のジレンマが生じます。たとえば、このワークは本当は誰のために行っているのか、自分自身がいい気分を味わうために「ありがとう」と誰かに言うのはおかしいのではないのか、といったものです。このようなジレンマを解消するには、実験的には正当な方法でないかもしれませんが、手紙を郵送してしまうのがよいでしょう。相手の流す涙は見られないかもしれませんが、メッセージは届くはずです。

3. ランダム親切活動

名が示すとおり、これは他の人に無作為に何か善良な行いをするという介入法です。親切の大小は問いませんが、何らかの形で人のためになる必要があります。献血でもいいですし、近所の犬を散歩に連れて行くこと、年を取った親戚のおばさんを訪ねること、誰かに地下鉄の切符を無料で渡すことでもいいでしょう。ソーシャルネットワークが発達した現代では、他の人とちょっとした接触をとる機会は無限にあります。私の学生の1人は、フェイスブックの友人全員に、花の鉢を送りました。最初、何が植えてあるかはわからないのですが、数日のうちに芽が出て、花が咲くギフトでした。

無作為の親切な行いは、親切にされた人を気分よくさせるだけでなく、親切にした人も幸せにしてくれます。同じ日に複数の親切をしたときは、なおさらです。つまり、ここでも重要なのは、タイミングということです。また、行動にバリエーションをもたせることも大切になります。そうすることで、親切な行いが新鮮で意義深いものになりつづけます［リュボミアスキー2008年］。

4. 積極的・建設的反応

恵まれているところを考える、感謝する、親切にするなどの介入法をあげたために、あなたはポジティブ心理学の介入法がすべて、キリスト教の伝統から生まれているのではないかと疑い始められたかもしれません。しかし、次にあげる方法は、なお他者重視ではあるものの、キリスト教的とはあまり言えないものでしょう。

シェリー・ゲーブルと同僚研究者たちによると、夫婦関係のよしあしを決めるのは、パートナーたちが問題にどう向き合うかではなく、お互いの人生におけるよい知らせにどう反応するかだといいます［ゲーブル他2004年］。

たとえば、パートナーが昇進したとき、私たちの反応は様々です。たいていの場合、私たちが表すのは**「消極的・建設的」**反応です。パートナーの成功を認め、「よかったわね、あなた！」と言って、終わりです。

しかし時には、よい知らせが、嫉妬やねたみ、怒り、不安といったネガティブ感情を私たちの中に引き起こし、建設的でない反応をさせることもあります。**「積極的・破壊的」**反応とは、たとえば「仕事にとられる時間が増えて、家族と過ごせなくなるとは考えなかったの？」と言うことでしょう。

「消極的・破壊的」反応方法とは、たとえば「夕飯はまだ？」と言って単純によい知らせを無視し、あたかもそれがなかったかのようにして、相手の成功の価値を損なうようにすることです。研究によると、前述のどの反応をする夫婦関係も、親密ではなく、非協力的で、信頼度が低いことがわかりました〔リュボミアスキー２００８年〕。

関係性をよくするものは**「積極的・建設的」**反応です。

では、私たちはよい知らせに対してどうしたら「積極的・建設的」に反応できるのでしょうか。まず、私たちは何が起きたのか、理解しようと努めなければなりません。パートナーによく意識を向け、耳を傾け、質問をし、興味を持ち、大いに喜ぶのです。その後で、盛大に成功をお祝いします。シャンパンのボトルを開け、近い親戚や友人たちに電話して知らせ、ずっとしたいと思っていたけれど、できていなかったことを、愛する人と一緒に行いましょう。

5．特徴的な強みを特定する

第11章の「ヒントとツール」（本書225ページ参照）では、**表11－1**のリストを使って、いわゆる特徴的な強みを特定する簡単な方法をご提案しました。今回は、ペンシルベニア大学公式ウェブサイト『オーセンティック・ハピネス』（www.authentichappiness.org）にアクセスし、40分間のＶＩＡテストを受けてみましょう。

受け終えると、あなたの上位の強みがわかります。特徴的な強みに関するフィードバックを、印刷するか書きとめるかしてください。その後、1週間、それらの強みを活かす機会を増やすようにし、どんな気持ちになるかを確かめましょう。このワークは、あなたを永遠に幸福にするわけではありませんが、短期的には気分を劇的に向上させてくれます［セリグマン他2005年］。

6．新しい方法で強みを活用する

このワークは、前項のワークをさらに一歩進めたもので、効果ははるかに長持ちします［セリグマン他2005年］。まず、前述の指示に従って、あなたの特徴的な強みを特定してください。それから7日間、毎日、上位5つの強みを今まで試したことがない方法で活用します。新しい状況や、新しい人に活用するのでもかまいません。あなたが自由に決めてください。もしあなたの特徴的な強みが「向学心」だったとしたら、何らかの形でずっと興味を持っていたトピックについて、2時間ほど調べてみるといいかもしれません。

もし強みが「審美心」だったら、昼休みに美術館を訪れることも楽しく感じられるでしょう。興味深いことに、美術館を30分訪れるだけで、ストレスホルモンであるコルチゾールが体内で劇的に減少するというデータもあるぐらいです［クロウ＆フレッドフェイ200

6年]。もし強みが「社会的知能」なら、顧客サービスデーを設定することもできますし、強みが「親切」なら、自分自身に対して親切にすることもできます。

ただ、この介入法は、思うほど簡単ではありません。あなたの有力な強みに「創造性」がなかったら、新しいアイディアを思いつくのは困難ですし、あなたがすでに強みを活用していたら、他に何をすればいいかと考え込んでしまうでしょう。この問題を解決する1つの方法は、同じワークに取り組んでいる人とペアを組み、「強み仲間」になってもらうことです。詳しいやり方をここでは載せませんが、単純に、二人の人が集まれば、一人よりアイディアが出るだろうというのは、昔からよく言われることです。

7．セイバリング

あなたは朝、コーヒーや紅茶を飲むとき、最初の一口を味わう前に香りを楽しみ、体の中からあなたを温めてくれる熱い液体を感じながら、時間をかけて味わいますか。それとも、他のことで忙しくしながら、何も考えずにコーヒーを飲んだり、朝食を取ったりしますか。今日、お茶を飲むときは、その体験に完全に没頭するようにしてみてください。あれこれ考えたりせず、ただ感じるのです。

これは、ポジティブ心理学者たちが「セイバリング」と呼ぶ行為です。ブライアントとヴェロフによれば、「人間には、暮らしの中でのポジティブな体験に意識を向け、認識し、それを増幅させる能力が備わっている」といいます［2007年2ページ］。

人生の大小様々なよい出来事に気づき、味わうことは、ウェルビーイング全体を高める効果的な手段の1つです。私たちは、日常生活の中にポジティブな出来事を見つけることもできますし、意図的に特定の活動に焦点を当てることもできます。ポジティブ心理学者たちは、じっくり味わうことを助けてくれる手法をいくつか発見しました。そのうちのいくつかをご紹介しましょう。

●他者と共有する

経験を分かち合う人を見つけ、あなたがどれほどその瞬間を大切にしているか伝えます。これはおそらく、快楽をじっくり味わうための唯一で最高の方法です。

●思い出を作る

心の中で出来事の写真を撮り、後でそれを振り返ります。

●自分自身をほめる

高慢になるのではないかと恐れてはいけません。他の人たちがどれほどあなたに驚嘆しているかを自分に言い聞かせ、自分自身もこの時をどれだけ待ち望んでいたか思い出しましょう。

●知覚を研ぎ澄ます

目の前の経験から感じる要素に集中し、他のものはすべて遮断します。

●夢中になる

完全に没頭し、何も考えず、ただ感じてください。

重要なので強調しておきますが、セイバリングは、マインドフルネスと同じではありません。マインドフルネスはすべての内的・外的な刺激を受け入れることを意味するのに対して、セイバリングはポジティブ感情を生み出すものにだけ焦点を当てます。しかし、マインドフルネスを実践することもまた、効果のある介入法と考えられています。抑うつ感を減少させ、幸福感や身体機能、認知能力にもよい影響をもたらします。

8．運動

昔からよく知られている方法ですが、次にご紹介する介入法は、運動です。身体的な活動が重要であることはすでにご存じでしょうが、あえてこの方法を載せることにしたのは、運動がよい人生にとってどれほど大切かを伝えたかったからです。

たとえばあなたは、運動が不安やストレスを減少させることや、高血圧、2型糖尿病、心臓病、不眠症、肥満、認知症のリスクを低下させることを知っていましたか。身体的機能だけでなく、認知的機能まで改善させることは、ご存じだったでしょうか。ほんの少しの運動で、87歳の病弱な老人の筋肉の強さが倍増する事実はどうでしょう。それだけでなく、心理学の研究では、幸福感を高める要因として、運動がすべての活動の中で最も有力であろうと言われています［リュボミアスキー2008年］。

ハーバード大学で最も人気のある教員の1人であり、彼のポジティブ心理学の授業には各学期1400人もの学生が殺到したというタル・ベン・シャハーは、「運動をしないことは、うつになる薬を飲んでいるようなものだ」とよく述べています。その理由をご説明しましょう。

ある有名な研究では、うつ病患者を3つのグループに分けて比較しました。1つ目のグループには抗うつ薬を処方し、2つ目のグループにはエアロビクスをさせ、3つ目のグループはその両方を組み合わせました。治療方法の違いに関係なく、ほとんどの患者は治療を始めてから4カ月後に改善を見せました。しかし6カ月後には、思いもよらない結果が出ています。1つ目のグループ（抗うつ薬のみ）の被験者のうち38％、混合型の治療を受けたグループの31％にうつの再発が見られたのに対し、運動のみを行ったグループは、たった9％しか再発していなかったのです［バビャク他２０００年］。

9．最高の自分をイメージする

現在に焦点を当てたワークを試したら、今度は未来のことも考えてみましょう。次に考察する介入法は、自分の未来像、それも、いいイメージにあふれた姿を作り上げるというものです。

あなたが理想とする、将来の自分のイメージを考えてみてください。何もかもがあなたの望みどおりに進み、目標としていたものが達成され、一番の潜在能力が発揮された状態を思い描きます。その未来の自分を紙に書き、鮮明にイメージしてみましょう。このワークを、４週間にわたって続けます。この方法は楽観性を高め、優先順位と目標との統合を助けてくれますから、その後に幸福感の上昇が続くのは驚くべきことではありません。

注意しなくてはならないのは、この介入法では成功を収めるために、必ず未来をイメージしなくてはならないという点です。過去に自分がベストの状態だったときのことを考えたり書き出したりしても、幸福感はわずかしか上昇せず、大きな変化は起こりません。［セリグマン他２００５年］。

10. ポジティブな回想をする

写真アルバムをめくること自体が、幸福度をあげるのに有効だと思ったことはありませんか。この行動はあまりにシンプルすぎて、介入法と呼ぶにはふさわしくないと思えるかもしれません。しかし、実際は思うほどシンプルではないのです。理論的にも実証的にも、過去の幸せだった時代を思い出すことは、ウェルビーイングを高めるといいます。しかし、思い出せば、それでいいのでしょうか。どのような思い出し方がよいとされるのでしょうか。たとえば、よい経験がなぜ起きたのか分析したほうがいいのか、それともただ記憶がよみがえるままにしたほうがいいのでしょうか。

ある研究では、被験者たちは1回10分間、1日2回、1週間にわたって、ポジティブな記憶を思い出すよう求められました。1つ目のグループでは、関連するイメージが自然に心に浮かんでくるようにしながら、思い出を振り返らせました。別のグループでは、よい思い出に関連する品物に意識を向けさせました。当然のことながら、どちらのグループも、ポジティブな気持ちが高まりました。しかし、最初のグループのほうが、記憶を鮮明に思い出し、ポジティブ感情をより多く経験したのです［ブライアント他2005年］。

またソニア・リュボミアスキー［2008年］も、過去の原因分析することでは幸福度はほとんど高まらないのですが、ビデオテープを巻き戻すようにして、人生のポジティブな出来事をもう一度頭の中で体験すれば、喜びが増幅するということを研究で実証しました。ここでも細かいところに注意を向けることは、ワークの効果を損なうようです。

◇検証されていない介入法

何がよい人生を創りあげるのかを解き明かすには、時間がかかります。現在のところ、ポジティブ心理学の介入法は10ほどしか検証されていません。しかし自己啓発の本やNLP（神経言語プログラミング）のマニュアル、人気のある心理学の文献には、ポジティブな効果をうたうワークや手法が山ほど載っています。それらは、本当に効果があるのでしょうか。その問いに対する最も妥当と思われる答えは、「それらの大部分は効果がある」です。

ただ、私たちはどれが効果的か、またどのような条件の下でこれらの手法が望ましい結果を生み出すのか、まだわからないのです。これらの疑問が解消されるのは時間の問題だと信じてはいますが、さしあたり、このカテゴリーでは私の気に入っている介入法を6つご紹介しましょう。6つの方法はすべて、なぜ効果的なのか納得できる理論的根拠を持っていますが、比較研究ではまだ検証されていません。

1．ビューティフルデー・トゥギャザー

あなたと、他の誰かにとっての特別な日を計画してください。他の誰かとは、パートナーでも、親しい友人でもかまいません。2人ともが大いに楽しめる活動や、お互いに本当に大切な活動を盛り込みましょう。活動を選ぶときは、2人の強みを考慮してください。朝一番から就寝時間までにすることを、時間をかけて計画します。その日をいつにするのか、お互いのスケジュールを考慮しながら決めましょう。その日が来たら、計画を実行し、選んだ活動や相手と過ごす時間を思う存分に味わいます。

2．プラグド・イン

バーバラ・フレドリクソンは、心のこもったハグを必要としているときの、「プラグド・イン」（プラグをつないで充電する）というお決まりの習慣について説明しています。それはどうやるのかというと、パートナーと正面で向かい合い、1分近くじっと抱き合ったま

までいるのです［フレドリクソン２００９年］。

彼女の著書『ポジティブな人だけがうまくいく3：1の法則』を読んだとき、私たち夫婦もまさに同じことをしていますし、プラグド・インは確かに効果がある方法だと思いました。今や抱きしめるという行為にも、このような立派な名前がついていますから、これはもう介入法として認めてしまいましょう。

3. 時間の贈り物

誰かの誕生日を覚えていたり、クリスマスプレゼントを買ったり、サプライズを仕掛けたりすることを私たちは得意かもしれませんが、このワークでは、そんな通常の活動を超えて、最上の贈り物、つまり時間自体を贈ることを勧めています。その時間は1時間でも、丸一日でもよいのです。贈られた相手は、その時間をどのように使うか、自分で決めることができます。たとえば、親戚のおばさんなら、家族についてあなたと話すことにこの時間を使いたいと思うかもしれませんし、隣人なら、一緒にガーデニングをしたいと望むかもしれません。子どもなら、一緒にかくれんぼをしたがるかもしれません。

4．未来の自分史

想像してください。いつか、あなたが亡くなってしばらく経った後、孫の1人が、あなたがどんな人だったか誰かに尋ねます。あなたは、自分をどのように思い出してほしいでしょうか。孫にはこんな風に説明してほしいという思いで、未来の自分史を1ページ書いてみましょう。価値観や性格、世の中に貢献したことの記述を盛り込んでください。この自分史を数日間寝かせてから、見直してみましょう。自分史に何を追加し、何を削りたいと思うでしょうか。未来の自分史が、あなたの人生を正確に反映したものにするには、これからの人生にどのような変化を起こしたいと思いますか（このワークは、マーティン・セリグマンとの個人的なやりとりから生まれたものです）。

5．ウォーリー・リダクション（悩み軽減活動）

このワークは、クオリティ・オブ・ライフ・セラピーとして知られるアプローチから派生したものですが［フリッシュ２００６年］、他の文献でも言及されています［ポポヴィック２００５年］。この療法は、他の療法と合わせて患者に使われていますが、まだ個別には実証されていません。

この介入法は、悩みごとに時間をかけすぎていると感じている人にとって有効です。心配しないようにすることは、自分ではなかなかできないので、非生産的なサイクルに陥りやすいのです。すぐに悩んでしまう傾向のある人は、毎日、限られた時間（15分や30分間）を割り当て、決まった時間、決まった場所で集中して悩むようにしましょう。そして、その時間が来るまでは悩みごとをいったん棚上げにしておけば、心が休まるでしょう。

6．3つの質問

このワークは、**MPS法（意義・喜び・強みを見つけるためのプロセス）**とも呼ばれ、タル・ベン・シャハー［2007年］の著書『HAPPIER―幸福も成功も手にするシークレット・メソッド　ハーバード大学人気№1講義』で概要が示されました。簡潔に言うと、このワークでは3つの質問に答えます。

- 自分に意義を与えるものは何か？
- 自分に喜びを与えるものは何か？
- 自分の強みは何か？

これらはシンプルな質問ですが、いったい私たちは、実際どれほど、これらの問いかけを自分にしているでしょうか。ゆっくりと時間をかけて、これらの質問に答えてみましょう。早急に結論を出すことはしないでください。

次に、あなたが思いついた数々の答えの中で、重複しているものを見つけます。どのような活動なら、意義と喜びの両方を感じ、さらにあなたの強みを活かせますか。どうしたらMPS法を活用し、人生の大切な決断を下せるようになるでしょうか。

これまでご紹介してきた介入法は、あまりにも単純すぎるようにもみえます。それは、「自分自身についてよく考え、得意なことをし、人生のよい面に意識を向け、他者に親切にしましょう」ということになるでしょう。要するに、もっとポジティブになれば、人生はよりよいものになるということです。これらの手法のほとんどがユーダイモニックというより、ヘドニックな幸福感を高めることを考えれば、この結論はまったく驚くべきことではありません。

推薦図書

『幸せがずっと続く12の行動習慣』（ソニア・リュボミアスキー著　渡辺誠監修　金井真弓訳）日本実業出版社

もっと専門的に知りたい方に

Putting it into Practice

14

理論は、実践に移されなければ、役には立ちません。また、理論が正しいかどうかを判断できるのも、実践があってこそです。ポジティブ心理学は現在、様々な領域で取り入れられていますが、その中で、最も発展が著しいのは、クライアントとの1対1のセラピー、教育、ビジネスの分野です。

◇ポジティブ心理学と対個人への実践法

新しく台頭してきたコーチングは、1980年代から爆発的な人気を博していて、ポジティブ心理学とも深い関連性があります［カウフマン&スクーラー2004年］。コーチングは、最初はエリートを対象に、能力開発のために企業が資金を提供するエグゼクティブコーチングから始まりました。しかし現在ではライフコーチングの名の下に、富や成功をまだ手にしていないすべての人が受けることができるものとなっています。

コーチングとは、目標の設定や達成を通して、急速な人格の変革をめざす手法です。コーチングではウェルビーイングの促進やパフォーマンスの向上を目標にしていることは明らかですが［パーマー＆ホワイブロウ2005年］、それらはポジティブ心理学が積極的に関心を寄せているものでもあります。名前が似てはいるものの、エグゼクティブコーチングやライフコーチングは、プロのスポーツ選手の訓練を目的とするスポーツコーチングとはあまり関連性がありません。

近年、コーチングとポジティブ心理学の関係性はとても良好です。コーチングは、ポジティブ心理学が必要な理論的、研究基盤を提供してくれることで、大きな恩恵を受けています。一方、ポジティブ心理学は、学問上のアイディアを生み出す上で、反応を検証してくれるコーチングを必要としています。現在、コーチングとポジティブ心理学を合わせて教える学科はいくつも存在し、ペンシルベニア大学では修士課程も提供されています。

ポジティブ心理学とコーチング、どちらも主張しているのは、クライアントを「治す」ことや、おそらくセラピストの仕事である病気の兆候の発見に向けられている意識を逆の方向に向けて、クライアントのよいところを探し、それを伸ばす努力をすべきだということです。したがって、コーチングは、クライアントのスキル基盤の構築や、まだ表に出ていない才能や資質の育成をめざしています。クライアントの強みを特定することに加え、そのような強みをどれほど職場で活かしているかを評価し、活用する機会を増やす手助けをします。コーチングが焦点を当てるのは、多大な努力のもとに、弱みを修正するのではなく、強みを最大限に活用して弱みを補うことです。たとえば、その方法には補完しあえるパートナーシップや、強みがマッチしたチームの構築なども考えられます［リンレイ＆ハリントン2006年］。

コーチングはますます人気を集めてはいますが、問題点がまったくないわけではありません。たとえば、概念的・評価的基盤がないこと、コーチングの訓練課程が簡略すぎること、半人前のプロが多く生まれていること、規制や倫理的基準がないこと、あらゆるものを詰め込んだアプローチをすることで表面的に終わってしまうことがあげられます［ペルティエ2001年］。さらに、根底にある問題やジレンマに光を当てることなく、解決しないままでは、目標と行動だけに注力するやり方は短期的な解決しかもたらしません。

このように考えると、「ネガティブ」なアプローチも少し取り入れたほうが有益であり、目標の達成やパフォーマンスの持続的な改善にとって不可欠といえないでしょうか。もし答えが「イエス」なら、コーチングは本当に、カウンセリングや心理療法といった以前からある手法と違いがあるのでしょうか。これらの疑問に答えるため、コーチングと、他の対個人への実践法の違いを、もっと詳細に見ていきましょう。

コーチングとセラピー　その相違点と類似点

「ネガティブ心理学」、つまり「通常の心理学」は、セラピーを生み出したことによって世界に大きく貢献しています。今日、かつては治療できないと考えられていた14の精神障害は、セラピーによる働きかけによってうまく改善できるようになりました。セラピーには、様々なものがあります。まず、セラピーは**「カウンセリング」**と**「心理療法」**とに区別することができます（実際、その2つは、実践者たち自身でさえも違いを見分けるのが難しく、1つの職業として扱われることも多いものですが）。

また、セラピーにはたくさんのタイプがあります。行動療法（行動を変えれば考え方も変わる）、認知行動療法（考え方を再プログラムして行動する）、精神分析（フロイトが創始者）、精神力動療法（フロイトの娘が創始者）、ゲシュタルト療法（全体性を獲得する）、実存療法（人間のありように対処する）、クライアント中心療法（クライアント自身が答えを持っているという考え方に基づく）、交流分析（自分の中の子ども、親、成人を統合する）、統合療法（様々なところから最上のものを抜き出して寄せ集め、一貫性のある新しい枠組みにする）……。他にも様々です。

セラピーの選択肢は、この分野に詳しくない一般の人にとってあまりにも多すぎるため、たまたま、インターネットで目にしたセラピストを選ぶことになります。実際にはどのタイプのセラピーを選んだとしても、治療の成功度は約10〜15%しか差がないので、セラピー自体は実に成功を収めている試みといえるでしょう［ランバート&バーリー2002年］。しかしながら、セラピーではたいてい、欠陥に取り組むことを前提としていて、「患者」にはどこか悪いところがあり、治療的な働きかけを必要としていると考えています。こういった「治療」を連想する姿勢が、潜在的クライアントを追い払ってしまうため、コーチングが活躍する隙間ができるというわけです。

セラピーとコーチングの境界線は明確なのか、そもそも境界線があるのかには、議論の余地があるでしょう。当然といえば当然ですが、コーチングは日のあたる場所を求めて、同じような職業との違いを強調し、類似点は意図的に無視しています［バッキロバ&コックス2004年］。

たとえば、よく言われている相違点としては、セラピストは受動的な役割を演じるのに対し、コーチはもっと能動的だという点です［ウィットモア1997年］。これは、非常に能動的なアプローチをする多くの行動療法や認知行動療法のセラピストには当てはまりません。カウンセリング、心理療法、コーチングは、時間的な視点の違いによってもあえて区別されています。つまりカウンセリングと心理療法では過去に対処していますが、コーチングでは現在と未来に焦点を当てるということです。

また、その2つはクライアントの違いでも分けられます。医学的に病的な人が対象か、健常な人か、という違いです。しかし、この違い自体が不明瞭ですし、物議をかもしだす項目でもあります。また、セラピーにおける治療目標は、コーチングの目標であるパフォーマンス改善とは対比されることもあるようです［キャロル2003年］。しかし、多くのカウンセラーたちも能力開発の作業を行いますし、ポジティブ心理学の原理を応用することもあります［ワースレイ&ジョセフ2005年］。実際のところ、これら様々な実践法は、似たようなスキルに多く頼ってきて、かなりの範囲で重複しているのです。

セラピーとコーチングの境界がやや不明瞭なので、それらのアプローチを統合しようとする動きもあります。実生活ではほとんど効果がない長期のセラピーを受けて、自分自身の隠された部分を明らかにしたいと思うクライアントはほとんどいません。一方、先入観を打ち破ったり、内なる葛藤を解消したりすることなしに、目標や行動にだけ焦点を当てても、逆効果を招くことがあります。ポジティブな部分を強調することにはたくさんの価値がありますが、単にネガティブな部分を無視しても意味がないのです。

私が開発に携わった**「パーソナルコンサルティング」はそうした試みの1つで、クライアントと1対1で行う新たな統合的メソッドです。**この手法には4つの段階（「耳を傾ける」、「バランスを取り戻す」、「生み出す」、「サポートする」）があり、カウンセリングとコーチング両方の強みを組み合わせています。目標を設定したり、行動を起こしたりすることを通して、クライアントは自身の深みを探り、建設的で実用的な変化を起こします。パーソナルコンサルティングは、ポジティブ心理学と従来の心理学の統合を実現しています［ポポヴィック&ボニウェル2007年］。

ポジティブ心理学コーチング（PPC）

それでは、次にポジティブ心理学コーチングとは何なのでしょうか。ポジティブ心理学コーチング（PPC）とは、クライアントのウェルビーイングを上昇させ、強みを強化し、パフォーマンスを改善し、価値ある目標を達成させることをめざす、科学に根差したアプローチです。PPCの核にある考えとは、的確な評価方法と有効な働きかけによって、クライアントの人生をポジティブに作り変える最善のアプローチを、科学の力で明らかにすることができるという信念です。

コーアクティブ・コーチングや次に述べる人間中心療法と同様、PPCではクライアントを「全体」として見て、強み、ポジティブな行動、目的に焦点を当てます。コーチングを受ける人の成長やパフォーマンス改善を引き出すために、その3つ（強み、ポジティブな行動、目的）は、敷石として、またはテコとして利用されます。

簡潔に言えば、ＰＰＣがめざしているのは、資質と能力を特定すること、さらなる成長の基礎とするために現在うまくいっている事柄を見つけること、広義の功績やウェルビーイングを向上させることとなります［カウフマン他２００９年］。ＰＰＣにはいくつかのハウツーマニュアルがあり、中でも私が最も優れていると考えているものは章の末尾でご紹介します。

ポジティブセラピー

すでに述べたとおり、カウンセリングや心理療法のアプローチのほとんどは、伝統的に問題へ焦点を当ててきましたし、対象者を病的とみなす手法だとしばしば考えられてきました。しかし、カウンセリングや心理療法の中にも、ウェルビーイングや人格の統合を促進し、医療的なモデルよりもポジティブな枠組みで働いているものがあります。近年出版された『ポジティブセラピー』は、そんなセラピーを紹介した本です。

この本では、「いくつかの治療アプローチは、強みや資質の開発に役立つモデルやテクニックを提供し、成長やウェルビーイングを促進しているため、ポジティブセラピーとして統合することができる」と主張しています［ジョセフ＆リンレイ２００７年］。では次に、それらのいくつかを見ていきましょう。

人間中心療法

人間中心療法は、対象者や、その人の成長や充実した人生を送るということについて、楽観的な見解を持ったポジティブな出発点を採用しています。人間性心理学者カール・ロジャーズによって確立されたこの療法では、クライアントこそ、その人自身の人生のエキスパートだと主張し、共感や自己一致、無条件の積極的受容に基づく、セラピストとクライアントの対等な関係がセラピーを成功させる鍵と考えました。

さらにこのアプローチでは、クライアントの自己実現傾向（成長・発展し、潜在能力を最大限に伸ばそうとする生来の人間の志向）を、セラピーでの成功に欠かせないものとしています［ジョセフ＆リンレイ２００７年］。

ウェルビーイングセラピー

ウェルビーイングセラピーは、「環境管理」、「個人的成長」、「人生の目的」、「自主性」、「自己受容」、「ポジティブな人間関係」をめざす、リフの心理的ウェルビーイングモデルをベースとして誕生しました。

セラピーは８回のグループセッションで構成され、体系的な日記をつけて、自己観察を行います。クライアントは単純に、ウェルビーイングを感じる出来事が起きたかどうかを観察します。次に、そういう出来事が起こらなかった場合も含めて、ウェルビーイングを感じた出来事をセラピーで話し合います。障害となっているものは、「自動的に浮かぶネガティブな考えに反論する」といった伝統的な手法で対処されます。予備検証では、このセラピーには、気分障害や不安障害の予防効果があることがわかりました［ファーヴァ＆ルイーニ2009年］。

解決志向ブリーフセラピー

解決志向ブリーフセラピーが前提としているのは、人間には遭遇する問題の解決法を自分で見つける能力があり、その解決法やより効果的な生き方のヒントは、すでにクライアントの中のどこかに存在しているという考え方です。問題を掘り下げて考えることはセラピーの時間の有効な使い方ではないので、できるかぎり時間を使わないほうがよいとされ、以下のような、いわゆる「ミラクルクエスチョン」をもとにセラピーを行います［ド・シェイザー他2007年］。

1．今夜、眠っている間に、奇跡が起きるとしましょう。あなたを悩ませてきた問題は、あっという間に解決します。しかし、これはあなたが眠っている間に起きるので、あなたはそれを知ることができません。朝、目を覚ましたら、あなたは奇跡が起きたことをどうやって発見するでしょうか（ここでクライアントは、奇跡が起きた日について、できるだけ詳細なイメージを描くよう促されます）。

2. あなたの親友や他の人たちは、あなたに奇跡が起きたことにどうやって気づきますか。

3. 奇跡が起きた日のように物事がうまくいったことを思い出せますか。一番最近ではいつだったでしょうか。それは数時間前、数日前、数週間前の出来事かもしれません。

アクセプタンス・コミットメント・セラピー

最後にご紹介するアクセプタンス・コミットメント・セラピーも、ポジティブセラピーの仲間です。このセラピーでは、行動と感情は、同時に、独立して存在でき、そのため、人は気持ちを変えたり、取り除いたりすることなく、ポジティブな行動に専心することができる、そしてそれと同時に、それらの気持ちをなお、マインドフルの状態で味わい、受容することができるという考えを前提としています［ヘイズ他1999年］。

◇ポジティブ心理学と教育

ポジティブ心理学の領域では、いくつかの教育プログラムが開発されてきました。そのようなプログラムの大多数は、提唱者が興味を持った学術的トピックを中心に発展しています。たとえばスタンバーグ（第9章参照）は、主要科目を通して子どもたちの知的・道徳的発達を促す**「ウィズダムカリキュラム」**を開発しました［レズニツカヤ&スタンバーグ2004年］。

オーストラリアの心理学者マクグラスとノーブルによって考案された学校向けのレジリエンス（回復力）プログラム**「バウンスバック」**は、非常に実用的で教師が取り入れやすいプログラムとなっており、レジリエンスの原則を主要科目の教育にも統合させています［マクグラス&ノーブル2003年］。

児童の持つ希望を強めるプロジェクトもたくさんあり、代表的なのは**「メーキング・ホープ・ハップン」**や**「メーキング・ホープ・ハップン・フォー・キッズ」**です［ロペス他2004年］。

またギャラップ財団が開発した**「強みに基づく成長プログラム」**は、学業成績を著しく上昇させることがわかりました［ホッジズ&クリフトン2004年］。

また「EQ（心の知能指数）」は、社会的・感情的学習に関する様々なプログラムを包括する概念として、広く使われています。そのようなプログラムの中でも特に成功を収めているのは、**「セルフサイエンス」**や**「南アフリカ・エモーショナル・インテリジェンス・カリキュラム」**です［サロベイ他2004年］。

この種のいくつかのプログラム、たとえば青少年にポジティブな目標設定のスキルや目標達成の促し方を教える**「ゴーイング・フォー・ザ・ゴール」**などは、非常に広く実践されています［デニッシュ1996年］。

「ペン・レジリエンシー・プログラム」（PRP）は、認知行動療法の原則を一般の人々に適用することを通して、レジリエンス、楽観主義や対処スキル、効果的な問題解決能力を高めるために作られた学校ベースのカリキュラムです。このプログラムでは、7つの「習得可能な」レジリエンスのスキルに基づき、子どもたちに次のことを教えます。①自分の気持ちを明確にする　②あいまいさに寛容になる　③楽観的な説明スタイルを持つ　④問題の原因を分析する　⑤共感力を持つ　⑥自己効力感を保つ　⑦新しいことに挑戦する、です。PRPでは、実証に意識を向けたり、何が現実的なのかを考えたりすることによって、習慣化した悲観的な説明スタイルを打破するように青少年たちに指導しています（非現実的なほど楽観主義になることを避けることはもちろん大切なのですが）。

ＰＲＰは約20年にわたって開発と研究が続けられ、確固とした実証結果を得ています［レイビック他２００５年］。それは、ＰＲＰはうつや不安感を予防し、長期的な効果をもたらすということです。このプログラムを評価した17の比較研究の結果、参加者たちはこのプログラムを受けていない他の若者に比べ、プログラムの後も1年にわたってうつ病の発生率が低いことが判明しました［ブルンワッサー他２００９年］。

しかし、ＰＲＰは、もともとティーンエイジャーのうつを軽減するという予防的なプログラムです。したがって、このプログラムは、働きかけによって潜在的にはもっとポジティブになれる学生には有効ですが、最初からうつの危険性がない学生にとって役立つかどうかは断言できません。

今まで述べてきたプログラムは、「外にある」ものを教える伝統的な学校教育とは一線を画し、学生たち自身や、個人的能力、経験に焦点を当てています。しかし、これらのプログラムのほとんどは、ヨーロッパ以外で開発・実践されてきました。

イギリスでは、予防的なポジティブ教育の世界に加わる新たな仲間として、**「スパークレジリエンスプログラム（ＳＰＡＲＫ）」**が誕生しました。イーストロンドンの貧しい地域のために開発され、そこで実験が行われたこのプログラムは、4つの関連した領域で得られた研究結果をもとに作られています。その4つの領域とは、「認知行動療法」、「レジリエンス」、「心的外傷後成長」、そして「ポジティブ心理学」です。

このプログラムでは、学生たちに、いろんな状況を（たとえそれが単純であれ複雑であれ）、SPARKという管理可能な要素に分解することを教えています。**SPARKとはすなわち、状況（Situation）、認識（Perception）、条件反射（Autopilot）、反応（Reaction）、知識（Knowledge）です。**

調査校の生徒たちから聞き取った情報をもとに作られた、仮想シナリオを使って、生徒たちは毎日の「状況」がいかに彼らの中に「条件反射」（気持ちや感情）を生むか学びます。それらの条件反射は、それぞれの人や状況によって変わりますが、それは私たちが状況を独自に「認識」するからです。そして私たちは状況に「反応」し、そこから何かを学びます。つまり、自分のあり方や他者のあり方、世界のあり方について、「知識」を得るのです。

これらの概念を学生たちが理解しやすくするため、このプログラムでは「考え方を代弁するオウム」というオウムを使います。このオウムは、人間の認知や考え方のよくある歪みを体現する、想像上の生き物です。そのオウムをプログラムの中で「裁判にかける」ことで、学生たちに人生のあらゆる状況を自分がどう解釈するかに疑問を持たせ、他の解釈を考えさせます。それによって学生たちは、自然に起こっている感情的な反応を理解し、非建設的な行動的反応をコントロールできるようになるというわけです。

さらに、学生たちは自己主張や問題解決のスキルを学び、自身の強みや社会的支援ネットワーク、ポジティブ感情の源、過去のレジリエンス経験を特定することでレジリエンスマッスル（抵抗筋肉）を鍛えます。統計データの分析結果によると、プログラムを受けた後では、受ける前よりもレジリエンスや自尊心、自己効力感の数値が大きく高まりました。うつ症状の軽減についても、有意的差異が認められています［ボニウェル他近刊］。

２００６年９月、イギリスの私立共学校ウェリントンカレッジで、生徒向けに２年間の**「ウェルビーイング技術プログラム」**が開始されました［モリス２００９年］。イアン・モリスとニック・ベイリスによって開発されたこのコースは、10年生から11年生（14～16歳）の生徒に隔週で行われ、試験の点数や測定結果ばかり偏重する現代の教育がもたらした、不均衡の是正をめざしています。コースの最終的な目標は、簡単に理解でき、日常生活に役に立つ、よりよく生きるための実用的なスキルを生徒たちに身につけさせることです。

このコースはまだ初期の段階ではありますが、これらのスキルを確かに生徒たちに伝えたいという情熱から、絶えまない見直しが行われています。それと同時に、近視眼的アプローチを避け、コースに幅と深みを持たせるため、ポジティブ心理学の知識を取り込み、最新の研究結果や実用的介入法も加味されています。ウェルビーイング技術プログラムは現在のところ、科学的な検証は少ししか行われていませんが、前例がないほどメディアで大きく報道されたことにより、ウェルビーイングの議論はイギリスの政治課題の中心に置かれるようになりました。

小中学校向けの**「ウェルビーイング・カリキュラム」**は、現在イギリスで試験的に実施されています［ボニウェル&ライアン2012年］。このカリキュラムは、ハーバーダッシャーズ・エイスクス・アカデミーズ・フェデレーションとイーストロンドン大学（UEL）による共同プロジェクトです。この2つの組織の協力により、ポジティブ心理学の原則や研究結果をもとにした包括的なウェルビーイングに対するカリキュラムが作られ、1年生から13年生の生徒たちに毎週実施されるようになりました。

このカリキュラムでは、学習効果を高めるため、それぞれ個別にテストされた介入法を使って、ウェルビーイングの予測因子や相関関係があると思われている主要なものすべてを対象にしています。1年生から9年生までのカリキュラムでは、ポジティブな介入法に重きを置き、実証されている領域（幸福感、ポジティブ感情、フロー、レジリエンス、達成力、ポジティブな人間関係、意義など）を扱っています。10年生から13年生まではポジティブ教育に重きを置き、生徒たちが自分自身のウェルビーイングや成長について考えたり、選択したりできるようにしています。プログラムの試験結果によると、扱った領域とその関連する様々な分野（ポジティブ感情、友人関係の満足感、自分自身への満足感など）で、ウェルビーイングが上昇を見せました。

教育は、学校現場だけに限られません。たくさんの教育プログラムが現在、臨床現場で大人にも導入され、治療と教育の実践が融合されています。

「マインドフルネス認知療法」（MBCT）は、そのようなグループ介入の1つで、うつを繰り返して、現在は回復している患者に、深く考え込むのをやめさせ、再発を予防するよう設計されました。この療法は、うつに対する認知行動療法とマインドフルネス瞑想の統合を基盤としています。

マインドフルネス瞑想、すなわち、現在の出来事や経験にしっかり意識を向け、自覚すること［ブラウン&ライアン2003年］は、ポジティブ心理学で奨励されている主な介入の1つです。また、マインドフルネス瞑想は、何千年にもわたって存在してきた実践法であり、東洋の様々な宗教に共通した要素で、特に仏教とは深い関係があります。この瞑想は、今この瞬間に対し、判断を下すことなく、意図的に意識を向けるスキルが求められるものです。

マインドフルネス認知療法は、うつにかかりやすい人の再発を予防することを目標にしており、他の疾患、たとえばストレスや不安、慢性的な痛みなどにも適用されています。ジョン・カバットジンの実用的な手法をベースとして、マインドフルネス認知療法では、参加者が「今」への意識を強め、心と体の刻一刻の変化を感じられるよう、シンプルなブリージング（呼吸）瞑想やボディスキャン、ヨガのストレッチを取り入れました。マインドフルネス瞑想の手法を学ぶことに加え、参加者たちは建設的な思考に欠かせないシンプルな認知行動療法の原則を学習します。

マインドフルネス認知療法はいくつかの比較検証でも効果が実証され、気分のコントロールやうつの再発防止に役立つ有効なアプローチとして知られるようになりました。

複数の施設での比較検証では、145人の回復した患者を、通常の治療だけのグループと、それにマインドフルネス認知療法を追加したグループとに分けて効果を検証しています。8週間にわたり、マインドフルネス認知療法のクラスを受講した後、参加者たちは1年間、追跡調査されました。その結果、マインドフルネス認知療法は何度もうつに苦しんでいる人に最も効果的で、過去3回以上発症している人の再発リスクは66％から37％に減少したことがわかったのです［ティーズデール他2000年］。

ヒントとツール

今日、マインドフルネスを実践する

マインドフルネスは、たくさんの状況で実践することができます。たとえば、掃除や散歩をしているとき、行列に並んでいるときでもかまいません。リラックスして集中し、あなたがその瞬間に経験していることや行っていることに意識のすべてを向けましょう。今この場に、ただ身を委ね、心がどこか別の場所をさまよわないようにしてください。この方法は、自分が存在している、生きているという感覚を強めてくれます。心が落ち着き、センタリング（自分自身に戻ること）にも効果があります。

◇ポジティブ心理学とビジネス

仕事でのウェルビーイング

仕事は私たちの生活で非常に大切なものです。それは、起きている時間の約半分を費やしたり、生存の手段を与えたりしてくれるだけではなく、大きな心理的影響をもたらしてくれるからです。たとえば、仕事への満足感は、人生全体の満足感や幸福感に大きく関連しています。対照的に、無職であることは、人生への不満や、落ち込み、ネガティブ感情をもたらす大きな原因の1つです。

多くの組織では、職場環境の改善やウェルビーイングの向上のためにポジティブ心理学の研究結果を利用して、従業員たちの職場での満足感を非常に重視しています。ポジティブな組織を作るための実践法や介入法は、以下のようなものです［ヘンリー2004年］。

●仕事に多様性を持たせる

たとえば、それぞれ異なるスキルを持った作業員たちのグループが製品の作り始めから完成までを見届けるセル生産方式などを通して、多様性や難易度を高めたりすることです。これを実践するにはコストがかかりますが、退屈感を減少させ、フローやモチベーションを増加させることができます。

●内的モチベーションを持たせる

非常に多くの場合、従業員のモチベーションを企業は金銭などの外的な報酬で高めようとしていますが、そうすることで、内的モチベーションが失われることがあります。最近は、内的モチベーションへの注目が高まってきています。長年、従業員が温めてきた企画に取り組むために、自由裁量にまかせる時間（労働時間の15％など）を持たせ、少額の助成金まで支払う組織も出てきています。そういった企画は、時には革新を生むこともあります。

●自信を持たせる

多くの組織では、自信の欠如や、ネガティブな思考の危険性を認識し、それを打破するためのトレーニングを提供しています。その最も極端なセミナー、たとえばアドベンチャートレーニングなどのアウトドア訓練などでは、一見不可能な課題の遂行を通して、自信を養うことができます。

●創造力を育む

組織における創造力を高めるには、意図的に創造力のある人材を採用するか、すべての従業員の創造力を問題解決や他の訓練（ブレーンストーミング、ブレーンライティング、マインドマップ、視覚化）を通して養うかです。大切なのは、ひらめきや、直感的に理解することを促す雰囲気が組織にあり、革新的なアイディアを支援し、リソースを提供し、ネットワーク作りをサポートする環境であることです。

●強みを活かした仕事を与える

弱みを改善することに焦点を当てるだけではなく、強みに基づいた仕事をさせることが重要です。強みに重きを置くことは、人材開発のもっとポジティブなアプローチの根拠となり、社員が活躍するのに適した環境条件を提供してくれます［リンレイ＆ハリントン２００５年］。

ギャラップ社によると、強みに基づいた多くの働きかけは、「従業員エンゲージメント」（ポジティブ組織心理学の世界で広く使われている概念の1つ。従業員が企業にコミットすること）に計測できるほどの影響をもたらし、パフォーマンスや生産性、利益、従業員の離職率を改善することがわかりました。

1万以上の作業単位と30万人以上の従業員を対象とした分析結果によると、強みに関連した質問「あなたの最も得意なことを活かす機会がありますか」で平均以上のスコアを獲得した職場は、生産性において成功を収める可能性が38％高く、顧客ロイヤルティーを得たり、従業員をつなぎ止めたりできる可能性が44％高いことが判明しています［ハーター＆シュミット２００２年］。また、強みに働きかけることは、次に述べるチーム作りの土台にもなります。

●チームを作る

これは一般的なタイプの介入法で、仕事とは違う場面で新しいチームを作る研修や、すでに存在しているチームに個人、対人、グループとしてのスキルを養うトレーニングが含まれます。

●高い視点を持たせる

これは、すべてのものにポジティブな面とネガティブな面があると認識させるということです。たとえば、高い視点を持つと、強みや能力の長所と短所の両方が見えるようになります。それは、自己啓発の成熟したアプローチであり、バランス、受容、寛容、全人格の発達につながります。

●フローを感じさせる

チクセントミハイ［２００３年］は、私たちの消費者文化はレジャー・遊びを好むあまり、仕事の価値をおとしめていると考えました。私たちは子どものときから、仕事とは不快なものであり、不快なものはすべて仕事であると学びます。そのような態度では、仕事でフローを感じることはますます難しくなるでしょう。

さらに、今日、はっきりとした目標（特に、労働者自身の目標）がある仕事は非常に少なく、会社から「大丈夫ですか？」以上のことは聞かれません。スキルがあってもそれに見合った行動の機会がなかったりして、高い能力と情熱のある若き熟練者が、何年にもわたって退屈な仕事をしていることはよくあります。

また仕事のどの段階でも、従業員が、裁量権を発揮できないこともあるでしょう。フローを起こすためには、これらすべてを改善しなければなりません。また、労働時間は、普通は従業員自身が設定していませんが、変化しつづける状況や本人の心の状態によって、より柔軟であるべきです。

●参加型の労働方法を作る

これには様々な形式があります。たとえば、従業員が仕事のプロセスでより裁量権を発揮できるようにする、フレックスタイム制を導入する、在宅勤務させる、かなりの量の仕事を自宅からメールを通して行えるようにするなどです。

●オープンな雰囲気を作り、権限を与え、自立させる

これは、参加型労働の実践をさらに1段階引き上げる方法です。自立、平等、信頼が、働くプロセスの基本となります。従業員たちは、確立された手順を作り変え、独自の労働時間を設定し、支出の裁量権を持ち、利益の分配を決め、官僚的な部門（品質管理や人事）を廃止し、独自のスタッフを雇い、オープンな会計システムを持つといったことができるでしょう。これらの実践法は、革新や繁栄を促進し、企業への献身や、高いレベルの満足感やパフォーマンスにつながります。

ポジティブ組織論（ＰＯＳ）

ポジティブ組織論（ＰＯＳ）は、ポジティブ心理学の職場への導入を目的として生まれた学問分野です。一般的には、組織がどうしたらビジネス上の目標を達成するだけでなく、組織としてのウェルビーイングを向上させられるのか、という問いに対する答えを探求するものです。

したがって、ＰＯＳは、従業員のウェルビーイングや創造力、生産性をアップさせる経営手法を論じます。これらの手法の基本は、労働者たちの自立性を高め、労働意義を感じさせることです。もっと個人のレベルでは、強みテストなど、ポジティブ心理学で開発さ

れた性格評価の手法を使います。POSにはたくさんの新しい概念が取り入れられていますが、中でも特に興味深いのは、「ポジティブな逸脱」、「良質の人間的つながり」、「ポジティブ・リーダーシップ」でしょう。

「ポジティブな逸脱」は、「組織の中にいる人の状態を改善しようとする称賛される意図を持って、称賛されるやり方で、規範から著しく逸脱しようとする意図的な行動」と定義されています［シュプライツァー&ソネンシャイン2003年］。

「逸脱」は普通、犯罪行為を指し、何か悪いことや禁じられたことを意味するため、組織論で使うには異和感があるかもしれません。しかし、「高潔」や「卓越」といった言葉を使っても、「規範を超えている」という意味では逸脱と解釈できます。研究によれば、ほとんどすべての組織には逸脱した人がいて、変わってはいるけれど成功を収めるような行動や戦略を取り（人事の方針にそぐわない場合が多いのですが）、同僚たちよりもよい問題解決法を見つけることができるといいます。

「良質の人間的つながり」は「生命力があって生き生きとし、ポジティブなエネルギーが高まった感覚」、「ポジティブに受容されている感覚」、「相互性」といった特徴を持っています［ダットン&ヒーフィー2003年］。

それらは、活力やエンゲージメントを強めてくれ、働く意義を高め、組織的な強みをもたらしてくれます。たった5分、同僚と上質の会話をするだけでも、大きな違いが生まれます。職場で「良質の人間的つながり」を生み出すための方法は、大きく5つあります。それは、「存在を伝える」、「正直になる」、「肯定する」、「耳を傾ける」、「支援的コミュニケーションをとる」です。

最後の**「ポジティブ・リーダーシップ」**は、私独自の定義ですが、「強み、徳性、楽観主義、エンゲージメント、ウェルビーイングといった上昇要因の研究結果を応用し、有効性を引き出し、非常に優れた経営パフォーマンスを実現すること」です。

多くの場合、ポジティブ・リーダーシップは、ポジティブに逸脱したパフォーマンスを生み出します。ポジティブ・リーダーシップを特徴づける戦略は4つあります。

それらは、「ポジティブな風土」、「ポジティブな人間関係」、「ポジティブなコミュニケーション」、そして「ポジティブな意義」です［キャメロン2008年］。

AI（アプリシエイティブインクワイアリー）

AI（アプリシエイティブインクワイアリー）は、組織開発プロセスの形式の1つで、「こうしたらどうなるだろう」という集団の想像力をかきたてるベストな方法を探り、未来を共同で作るために、強みを活用するというものです［クーパーライダー＆ホイットニー2

005年」。

AIのプロセスには、「発見」、「理想」、「設計」、「実行」という4つの段階があります。

● **発見**　組織の最大の強みを認識する。

● **理想**　未来のビジョンを作り、共有する。組織の最もよい状態を想像する。この段階では視覚的なイメージや、たとえもよく使われる。

● **設計**　強みをもとにした組織はどのようであるか、どのような気持ちがするかを考える。理想を具体化する。

● **実行**　その未来はどうしたら実現するかを思考する。誰がどのような行動を取り、個人やチームの強みを発揮するのかについて、集団で同意をとる。

AIでは、個人や組織にとってのポジティブな結果を生み出すという目的を持ち、強みを活かし、ポジティブな経験、意義を見つけるための効果的な方法を採用します。もっと実際的なことを言えば、未来を創造するような問いを持つこと自体が、ポジティブ感情や関係性を生み出し、結果的に「強みの世界」へ近づかせてくれるのです。これらの強みは、変革を促すエネルギーを生み出します。

実際、ＡＩが変化を起こす有効な介入法であると示す実証はたくさん発見されています。ＡＩがめざすものは、「さらなる平等主義に基づく人間関係と自律組織」といえるでしょう［クーパーライダー＆セケルカ２００３年］。

現在、よりポジティブな方向へ向かおうとする動きがあるのは事実ですが、多くの組織はまだネガティブな志向（問題解決やトラブルシューティングに力を入れ、従業員の能力によって評価するという枠組み）を持ち、利潤の支配権を失うことへの恐れから、時代遅れの組織形態にしがみついています。このような場合こそ、実証的な裏づけを持ったポジティブ心理学は、今まで述べてきた様々な実践の主観的・客観的影響の両方を評価するのに大変役立つでしょう。

推薦図書

ロバート・ビスワス＝ディーナー（2010）『Practicing positive psychology coaching（ポジティブ心

理学コーチングの実践）』
イローナ・ボニウェル&ルーシー・ライアン（2012）『Personal well-being lessons for secondary schools：Positive psychology in action for 11 to 14 year olds（中等学校における個人のウェルビーイングの授業：11～14歳に活用するポジティブ心理学）』
キム・キャメロン、ジェーン・ダットン&ロバート・クイン編（2003）『Positive organizational scholarship（ポジティブ組織論）』
スティーブン・ジョセフ&アレックス・リンレイ（2007）『Positive therapy（ポジティブセラピー）』

ポジティブ心理学の未来
The Future of Positive Psychology

15

◇ポジティブ心理学の現状

ポジティブ心理学は、現在、活動が盛んで、国内や国際的な会議、委員会、主要なグループやそれに付属するサブグループが発足し、主な教科書で取りあげられ、独自の科学雑誌まで作られるようになりました。

「ポジティブ心理学ネットワーク」という団体では、ポジティブ心理学の若い駆け出しの研究者たちを、科学的・学術的発展が達成できるように積極的に支援しています。本書の最後にも、そういった研究や実践をさらに進めたい人たちのために、ポジティブ心理学関連のインターネットサイトと参考文献を掲載しました。

◇ポジティブ心理学の功績

１９９９年、私はポジティブ心理学について初めて知ったときに、すぐに「これだ！」と思いました。とても納得したのです。心理学は今では、研究者以外の人にとってほとんど関わりがなく、魅力のないテーマばかり追究するものではなくなりました。ついに、興味深いトピックを研究する心理学が生まれたのです。研究会議の演壇や科学雑誌で「幸福」や「個性」といった言葉の使用が、やっと許されるようになりました。そして、著名な経歴ある学者たちまでが、柔らかく甘い自己啓発的なトピックを、心理学の重要な議題にあげるようになったのです。

マーティン・セリグマン（アメリカ心理学会元会長）がポジティブ心理学を創始してから7年の間に、心理学の全体像は変容を遂げました。１９９８年には、うつに関する心理学の論文とウェルビーイングに関する論文の割合は7対1でしたが、２００５年末までに、この割合は5対1になっています。その7年の間では、希望について書かれた論文は絶望感に関する論文の5倍近くに上り、楽観主義に関する記事が悲観主義よりも3・5倍多くなりました。今日、心理学はもはや、疾病治療という枠組みで使用される病理学やうつ病の学問ではありません。**「人間の最適な機能」**を研究する学問が、日のあたる場所で確固とした地位を築いたのです。

◇ポジティブ心理学の問題点

ポジティブ心理学にはすばらしいところがたくさんありますが、正しいといえないところや、まちがいにつながりそうなところも多くあります。本書では、現在、隆盛を極めているこの分野についてバランスのとれた見方を提供し、功績と欠点の両方をご紹介してきました。このセクションでは、もう少し欠点について取りあげ、ポジティブ心理学に対する主な批判や問題点を見ていきます。

歴史的ルーツの認識不足

たくさんの関連する先行研究を持ちながら、ポジティブ心理学は驚くべきことに、取り扱っているトピックの数千年の歴史ある研究成果を無視してしまっています。このような姿勢では、同じことを無駄に繰り返すことにつながるだけでなく、十分な知識がないまま、他人がすでに述べた考えを主張することになりかねません［カウエン&キルマー2002年］。

幸運なことに、ポジティブ心理学者たちの中には、過去の功績への評価は非常に重要だと主張する人もいて、歴史的ルーツとよりよい関係を築けば、ポジティブ心理学という分野を弱めるどころか、もっと強固にできると考えています。おそらく目新しさは少し減るかもしれませんが、他の分野にとっても脅威ではなくなるというのです［ピーターソン＆パーク2003年］。

ポジティブ心理学はまったく新しい分野だという主張は革新的な印象を与えますが、ひとたび「幸福」の項目を関連書籍で開けば、その印象は消え去ってしまいます。

まとまりある指導的な理論の欠如

現在のところ、ポジティブ心理学で研究するすべてのトピックをまとめることができるような、包括的な理論が存在していません。ポジティブ心理学ではあまりに多くの事柄を改善しようとしていて、それらの事柄の間にどのような関連があるのか明確にわかっていません。トピックの選び方そのものでさえ、時に恣意的に思えます。たとえば、自由がもたらす不自由を研究に含めたことは、直接的な関連があったというより、たまたまそうなったようにもみえます［カウエン＆キルマー2002年］。

還元主義的な「科学的」方法論

心理学が自然科学における人間研究を形作ろうとしたのは、これが初めてではありません。多くの心理学者たち（とは言っても、おそらくまだ少数派ですが）は、人間という複雑なテーマを、どうすれば数値や統計に落とし込むやり方で研究できるだろうかと考えています。

このようなアプローチを採用する上での大きな問題のうち2つは、明らかなもの（たとえば、祖母の時代から知られていたこと）を詳細に述べてしまうことと、いかなる重要な問いにも結局はどれ一つ答えを見つけることができなくなることです。テネンとアフレックはこう書いています。「ポジティブ心理学は、まだ短い歴史のなかで、すでにネガティブ心理学の最悪な方法論的習慣を引き継いでしまっている」［テネン＆アフレック2003年］。

検証が足りない発見から大きな結論を導く

主流の「科学的な」考え方を採用しながらも、ポジティブ心理学は安っぽい、簡単な手法に頼ることが多くあります。この分野で行われている研究の半分以上は、いわゆる「相関研究」です。相関研究とは、1つの事柄が別の事柄と確実に関連していることを証明する研究です。それはたとえば、「運動はよい健康状態と関連がある」などです。

しかし、相関研究は、1つの要素が別のものを引き起こす、いわゆる因果関係までは示してくれません。たとえば、運動をする人は、そのおかげで健康を享受しているのかもしれませんが、健康な人ほど運動に取り組む活力があるのだと考えることもできます。心理学者たちも、相関関係は因果関係を意味するわけではないとよく承知していますが、それをあたかも因果関係を示しているように解釈し、あることが別のことにつながるような印象を与えていることもよくあるのです［ラザルス2003年a］。

ですので、皆さん、気をつけてください。結婚は、ウェルビーイングと相関関係があるということであって、結婚したから必ず幸福になれるという因果関係が示されているわけではありません。

イデオロギー運動に発展する危険性

「ポジティブ心理学ばんざい！　この流れに乗り遅れるな！」

このような暗黙のスローガンが広まる中、ポジティブ心理学がイデオロギー運動になる恐れを指摘する人たちも出てきました［ラザルス2003年b］。

イデオロギー運動になることには、多くの危険が潜んでいます。たとえば、狭量なマインドセットが生まれる、どのような批判にも反発する、英雄崇拝を行う、自己永続的な信念が生まれる、尊大になり、自ら課したポジティビティーにとらわれる、などです。そして深みがなく、現実主義や簡素化が欠落した状態につながってしまいます。

ポジティブでいることが社会から期待される

バーバラ・ヘルド教授の主張によると、ポジティブ心理学の動きには大きな「暗いマイナス面」があり、不運な状況の被害者や他の苦しんでいる人たちが、自分自身の苦悩について非難されるという副作用が起きるといいます。

つまり、人々は不可欠な楽観主義、強み、美徳、意志を表現することができなければ、それは本人の落ち度だと解釈されてしまうということです。ポジティブな態度を絶対的によしとすることは、ポジティブな態度が高めてくれるはずの主観的ウェルビーイングを、逆説的に低下させてしまうかもしれません。したがって、不幸の存在を容認せず、不幸は撲滅されるべきだとする暗黙の風潮が広まると、害を及ぼす可能性があります［ヘルド2004年］。

もう一人のバーバラ、こちらはバーバラ・エーレンライクですが、彼女は自分が乳がんにかかっていることがわかったとき、命を脅かす病気と闘わなければならないだけでなく、おびただしいピンク色の品々に囲まれなくてはなりませんでした。がんと闘うための誇らしいスローガンが書かれたピンクのトレーナー、胸に乳がん撲滅のピンクのリボンをつけたかわいいテディベア、そしてマンモグラムの更衣室にはピンクのバラが飾ってありました。またエーレンライクは、がん患者として、自分には幸福や楽観性を表現することが期待されていて、自分自身や仲間のがん患者たちを「有害な」ネガティブ感情やネガティブ思考にさらすと、ひんしゅくを買うということを知りました。

高い評価を受けている彼女の著書『Smile or Die（ほほ笑むか死ぬか）』［エーレンライク２０１０年］は、この経験に基づいて書かれ、ポジティブシンキングやポジティブ心理学の落とし穴を明らかにしています。その本の174ページにはやや誤った表記もありますが（懐疑的な学生に、私自身はいつも価値を置いています）、私はこの本を読みながらとても引き込まれましたし、いくつかの点でもエーレンライクに同意しています。

ネガティブシンキングのポジティブな側面を無視している

ほどよく落ち込んでいる年配の女性は長生きし［ハイベルズ他２００２年］、快活さ（厳密に言うと、楽観的でユーモアのセンスがあること）は早死にと関連しているという長期的な調査もあります［フリードマン他１９９３年］。第３章でも述べたように、防衛的悲観主義は、人によって有効となりえます。

さらに、「不満が有効な時」があることを裏づける証拠も明らかになりました［コワルスキー2002年］。いつも不満ばかり言う人は嫌われる傾向にありますし、不満ばかり言っていると自身や他人の気分をネガティブにさせますが、そのような行動がプラスの結果をもたらすこともあります。たとえば、なじみのない居心地の悪い状況で、不満を口に出すことは、社会的な絆を作るよい方法となるかもしれません。病院の待合室や新しく入った大学などの慣れない環境で、不快な気持ちについて話すことは、人と会話を始めるよいきっかけになります。

一面的でバランスを欠いている

あなたがポジティブな思考法や感じ方の実践に成功し、人生のつらい面に注意を向けなくなったとして、それは本当に幸福を保証してくれるでしょうか。もしかしたら、退屈になるのではないでしょうか。

現代の偉大な心理学者の1人、リチャード・ラザルスは、ポジティブとネガティブを線引きする暗黙のメッセージに対抗し、ポジティブとネガティブは同じコインの両面にすぎないと主張しています。

「神秘的にではなく、比喩的にいえば、神は悪魔を必要とし、逆もまた然りなのである。

片方は、他方がなければ存在することができない。我々は真に善を認識するには、人生の一部である悪が必要なのだ。物事の1つの側面にばかり焦点を絞ってしまうと、広い視野を失う危険に陥る」［ラザルス２００３年a］。

人生の現実は、ほとんどの場合、ポジティブかネガティブのどちらかに分類できます。過去の心理学がネガティブなものにばかり目を向けるという大きなまちがいを犯し、ポジティブな要素をないがしろにしてきたとすれば、ポジティブ心理学も、振り子を逆方向に振りすぎることによって同じまちがいを起こしてはいないでしょうか。ポジティブ心理学の支持者たちが、過去60年間の心理学は不完全だったと主張するのは結構ですが、それが過去の心理学をシャットアウトする結果につながってはいけません。ポジティブ心理学は、人生におけるバランスのとれた視野をもたらすというより、ネガティブな要素やどちらでもない要素を排除することで繁栄をめざそうとする危険に陥っています［ラザルス２００３年b］。

また、ポジティブ心理学運動の推進者たちの中には、ポジティブとネガティブを二分することが人を惑わせるのではないかと考えている人もいます。チクセントミハイ［１９９２年69ページ］は、こう書いていました。「この世界には、完全にポジティブなものはないという事実を、我々は受け入れなければならない。いかなるパワーも、乱用されることがある」

テネンとアフレック［2003年168ページ］の言葉は、このやや批判的なセクションの締めくくりにふさわしいでしょう。

もしポジティブ心理学が以下のような態度をとるときは注意が必要である。ストレスマネージメント、コーピング、適応といった研究分野での独自性を声高に叫ぶ。外から見たポジティブな人間の性格とネガティブな性格の、質的な差異に固執する。強み研究の対象となる徳性を、状況に注意を払うことなく、推測的に決定する。心理学の最も厄介な方法論的悪習に従い、その悪習をボーイスカウトのバッジのように堂々と掲げる。自分たちの先人たちとは距離を置く。批判する者を、懐疑的で狭量だとして追い払う。

そのような態度をとるポジティブ心理学は、ラザルスの言葉を借りれば、「地に足がついていない運動」である。

心理学全体を弁証法的プロセスだと考えるなら［ラザルス2003年a］、「ネガティブ心理学」は「テーゼ」で、ポジティブ心理学は「アンチテーゼ」、両者を統合したものは「ジンテーゼ」といえます。相反するもの（テーゼとアンチテーゼ）はジンテーゼにとって両方不可欠なため、捨て去ることはできません。

ポジティブ心理学は、誕生から15年以上が経った今、より統合的になったと主張する人もいます［リンレイ&ジョセフ２００４年b］。しかし、私には同意できません。ポジティブ心理学は、一般大衆に積極的に売り込みをかけているなかで、いまだにできるだけ目新しく独特なイメージを与えようと奮闘しているようにみえます。しかし、私は統合が不可能だと言っているわけではありません。

◇将来、待ち受けているものは……

近い将来、ポジティブ心理学は、以上のような批判の少なくともいくつかは自己修正できるでしょう。私がこの分野と将来の研究領域に期待していることは、**４つの「C」**にまとめることができます。それは、「状況（Context)」、「複雑性（Complexity)」、「創造性（Creativity)」、「試練（Challenge)」です。

「状況」が意味するのは、ポジティブ心理学はいまだに大部分が西洋的な学問であり、文化を超えた視点に関しては、ほとんどわかっていないということです。ポジティブ心理学の研究テーマが人間であることを考えれば、**「複雑性」**の問題を避けることはできません。ですから、無意識の現象、社会的に望ましいものに傾くバイアス、自己の気づきや自己認識の限界、個人差（特に、グループ間での差よりもこれらの差が大きい場合）、人間の行動によく見られる不合理といったものの研究は、この分野に不可欠です。

私たちは、個人を繁栄させる要因を研究するとき、なぜＩＱについて語らなかったり、まちがいに気づくことや泣くことから起きる変化について取りあげなかったりするのでしょうか。現状では、ポジティブ心理学は幸福を共通の分母とする、ポジティブな現象を狭義に概念化した科学的研究となっています。これに対抗するには、私たちは調査設計にもっと**「創造性」**を取り入れ、**「試練」**に寛容になることが求められるのです。

私は未来を予言するアルビン・トフラーのような才能を持ち合わせていないので、ポジティブ心理学の将来を正確に言い当てることはできません。しかし、ポジティブ心理学がたどるかもしれない3つの大きな方向性を予測することはできます。

1つ目は、ポジティブ心理学がこのまま独自の動きとして歩みを進め、科学的手法の助けを借りながらポジティブな事柄に焦点を置き、相当な資金を集めながら、願わくは多くの役立つ発見を研究者や一般の人たちにもたらすという道です。

2つ目は、懐疑的な人たちが予測しているように、ポジティブ心理学が一時的ブームとなり、「地に足がついていない運動」として進み続け、重大性のある発見をもたらすことなく、自身のイデオロギーの被害者になるというものです。

そして3つ目は、ポジティブ心理学がいわゆる「ネガティブ心理学」や、その豊かな伝統と統合してジンテーゼに行き着き、利用可能な手法の多様性を受け入れ、ポジティブなものとネガティブなものを統合し、人間という世界一素晴らしく魅力的な主題について、わかっていることと、まだわかっていないことを、一貫性のある全体像にまとめあげることです。

3つ目の道は、ポジティブ心理学はおそらく独立したムーブメントではなくなってしまいますが、これこそが、私が最も望んでいることなのです。

推薦図書

バーバラ・エーレンライク（2010）『Smile or Die：How positive thinking fooled America and the

world（ほほ笑むか死ぬか：ポジティブシンキングはどのようにアメリカと世界をだましたか）』
バーバラ・ヘルド（2001）『Stop smiling, start kvetching：A 5-step guide to creative complaining（ほほ笑むのをやめて不満を言いなさい：創造的な抗議に必要な5つのステップ）』

参考文献

アーガイル，M. (2001)『幸福の心理学』(マイケル・アーガイル著 石田梅男訳) 誠信書房 1994 年

アーロン，E. N. & アーロン，A. (1996)「Love and expansion of the self：The state of the model（愛と自己成長：モデルの状態)」『パーソナル・リレーションシップス』3. pp. 45–58.

アイアンガー，S. & レパー，M. (2000)「When choice is demotivating：Can one desire too much of a good thing?（選択が意欲を失わせるとき：度が過ぎても欲しいと思えるか？)」『ジャーナル・オブ・パーソナリティ・アンド・ソーシャルサイコロジー』79. pp. 995–1006.

アイゼン，A. M. (2002)「Positive affect as a source of human strength（人間の強みの源としてのポジティブ感情)」アスピンウォール，L. G. & シュタウディンガー, U. M. 編『サイコロジー・オブ・ヒューマン・ストレングス』

アイゼン，A. M.，ローゼンツワイク，A. S. & ヤング，M.J. (1991)「The influence of positive affect on clinical problem solving（臨床的問題解決におけるポジティブ感情の影響)」『メディカル・ディシジョン・メイキング』11. pp. 221–227.

イースタリン，R. A.，アンゲレスク・マクベイ，L.，スウィーテク，M.，スウォンファ，O. & ツヴァイク・スミス，J. (2010)「The happiness-income paradox revisited（幸福・所得パラドックスの再考)」『米国科学アカデミー紀要』107. pp. 22463–22468.

ウィットモア，J. (1997)『Need, greed and freedom（貧困と貪欲と自由)』

ウィリアムソン，G. M. (2002)「Aging well（上手に老いる)」スナイダー，C. R. & ロペス，S. J. 編『ハンドブック・オブ・ポジティブサイコロジー』pp. 676–686.

ウィルズ，T. A.，サンディ，J. M. & イエーガー，A. M. (2001)「Time perspective and early-onset substance use：A model based on stress-coping theory（時間的展望と早期発症での薬物使用：ストレスコーピング理論に基づくモデル)」『サイコロジー・オブ・アディクティブ・ビヘイバーズ』15. pp. 118–125.

ウォーターマン，A. S. (1993)「Two conceptions of happiness：Contrasts

of personal expressiveness（eudaimonia）and hedonic enjoyment（幸福の２つの概念：個人の表現力（ユーダイモニア）とヘドニックな楽しみの対比）」『ジャーナル・オブ・パーソナリティ・アンド・ソーシャルサイコロジー』64. pp. 678-691.
ウォーターマン，A. S.（2008）「Reconsidering happiness：A eudaimonist' s perspective（幸福の再考：ユーダイモニストの視点）」『ジャーナル・オブ・ポジティブサイコロジー』3. pp. 234-252.
ウォーターマン，A. S.，シュワルツ，S. J.，ゴールドバッハー，E.，グリーン，H.，ミラー，C. & フィリップ，S.（2003）「Predicting the subjective experience of intrinsic motivation：The roles of self-determination, the balance of challenges and skills, and self-realization values（内発的動機の主観的経験を予測する：自己決定，チャレンジとスキルのバランス，自己実現の価値の役割）」『パーソナリティ・アンド・ソーシャルサイコロジー・ブリテン』29. pp. 1447-1458.
エーレンライク，B.（2010）『Smile or die：How positive thinking fooled America and the world（ほほ笑むか死ぬか：ポジティブシンキングはどのようにアメリカと世界をだましたか）』
エモンズ，R.（2007）『G の法則―感謝できる人は幸せになれる』（ロバート・エモンズ著 片山奈緒美訳）サンマーク出版 2008 年
大石，S.，ディーナー，E.，ソ，E. & ルーカス，R. E.（1999）「Value as a moderator in subjective well-being（主観的ウェルビーイングにおけるモデレーターとしての価値観）」『ジャーナル・オブ・パーソナリティ』67. pp. 157-184.
オートレイ，K. & ジェンキンス，J.（1996）『Understanding emotions（感情を理解する）』
オールポート，G. W.（1955）『人間の形成―人格心理学のための基礎的考察』（ゴードン・オールポート著 豊沢登訳）理想社 1959 年
カー，A.（2004）『Positive psychology（ポジティブ心理学）』
カーステンセン，L. L. & チャールズ，S. T.（2003）「Human aging：Why is even good news taken as bad?（人間の老化：なぜ良いことも悪くとられるのか？）」アスピンウォール，L. G. & シュタウディンガー，U. M. 編『サイコロジー・オブ・ヒューマン・ストレングス』pp. 75-86.
カーステンセン，L. L.，ゴットマン，J. M. & レベンソン，R. W.（1995）「Emotional behaviour in long-term marriage（長期の結婚生活における

情動行動)」『サイコロジー・アンド・エイジング』10. pp. 140-149.
カーネマン，D. (1999)「Objective happiness（客観的幸福)」カーネマン，D.，ディーナー，E. & シュワルツ，N. 編『ウェルビーイング：ザ・ファウンデーションズ・オブ・ヘドニックサイコロジー』pp. 3-25
カーバー，C. S. & シャイアー，M. F. (2002)「Optimism（楽観主義)」スナイダー，C. R. & ロペス，S. J. 編『ハンドブック・オブ・ポジティブサイコロジー』
カウエン，E. L. & キルマー，R. P. (2002)「'Positive psychology'：Some pluses and some open issues（「ポジティブサイコロジー」：長所と未解決の問題)」『ジャーナル・オブ・コミュニティーサイコロジー』30. pp. 449-460.
カウエン，E. L. (1994)「The enhancement of psychological wellness：Challenges and opportunities（心理学的健康の強化：挑戦と機会)」『アメリカン・ジャーナル・オブ・コミュニティサイコロジー』22. pp. 149-179.
カウエン，E. L., ガードナー，E. A.. & ザックス，M. 編 (1967)『Emergent approaches to mental health problems：An overview and directions for future work（メンタルヘルス問題への緊急処置：概要と今後の行方)』
カウフマン，C. & スクーラー，A. (2004)「Towards a positive psychology of executive coaching（エグゼクティブ・コーチングのポジティブ心理学について)」リンレイ，P.A. & ジョセフ，S. 編『ポジティブサイコロジー・イン・プラクティス』pp. 287-302.
カウフマン，C., ボニウェル，I. & シルバーマン，J. (2009)「Positive psychology coaching（ポジティブ心理学コーチング)」バッキロバ，T., ダンカン，E. & クラターバック，D. 編『ザ・セージ・ハンドブック・オブ・コーチング』pp. 158-171.
カザキナ，E. (1999)「Time perspective of older adults：Relationships to attachment style, psychological well-being and psychological distress（高齢者の時間的展望：愛着スタイルと心理的ウェルビーイングと心理的苦痛の関係)」コロンビア大学の未公刊博士論文
カシュダン，T. B., ビスワス＝ディーナー，R. & キング，L.A. (2008)「Reconsidering happiness：The costs of distinguishing between hedonics and eudaimonia（幸福の再考：快楽とユーダイモニアを区別する代償)」『ジャーナル・オブ・ポジティブサイコロジー』3. pp. 219-233.
カッサー，T. & シェルドン，K. M. (2009)「Time affluence as a path towards personal happiness and ethical business practices：Empirical evidence

from four studies（個人の幸福と倫理的ビジネス慣行を導く時間の豊かさ：4つの調査から得た経験的実証）」『ジャーナル・オブ・ビジネス・エシックス』84. pp. 243-255.

カッサー，T. & ライアン，R. M.（1996）「Further examining the American dream：Differential correlates of intrinsic and extrinsic goals（アメリカンドリームのさらなる検証：内的および外的目標に関連する要因の差）」『パーソナリティ・アンド・ソーシャルサイコロジー・ブリテン』22. pp. 280-287.

カッサー，T.（2002）『The high price of materialism（物質主義の高い代償）』

カハナ，E. & カハナ，B.（1983）「Environmental continuity, futurity and adaptation of the aged（環境の継続と未来と高齢者の適応）」ロウルズ，G. D. & オオタ，R. J. 編『エイジング・アンド・ミリュー』pp. 205-228.

カンポス，J. J.（2003）「When the negative becomes positive and the reverse：Comments on Lazarus's critique of positive psychology（ネガティブが反対のポジティブに変わるとき：ラザルスによるポジティブ心理学評価への言及）」『サイコロジカル・インクワイアリー』14. pp. 110-113.

キーズ，C. L. M., シュモトキン，D. & リフ，C. D.（2002）「Optimizing well-being：the empirical encounter of two traditions（ウェルビーイングの最適化：2つの伝統の経験的遭遇）」『ジャーナル・オブ・パーソナリティ・アンド・ソーシャルサイコロジー』82. pp. 1007-1022.

キャメロン，K.（2008）『Positive leadership：Strategies for extraordinary performance（ポジティブ・リーダーシップ：驚異的パフォーマンスのための戦略）』

キャロル，M.（2003）「The new kid on the block（新顔）」『カウンセリング・サイコロジー・ジャーナル』14（10）. pp. 28-31.

キング，L. A. & ナパ，C. K.（1998）「What makes a life good?（何が人生をよくするか？）」『ジャーナル・オブ・パーソナリティ・アンド・ソーシャルサイコロジー』75. pp. 156-165.

クーパーライダー，D. L. & セケルカ，L. E.（2003）「Towards a theory of positive organisational change（ポジティブ組織改革理論について）」キャメロン，K. S., ダットン，J. E. & クイン，R. E. 編『Positive organizational scholarship：Foundations of a new discipline（ポジティブ組織論：新しい分野の基礎）』pp. 225-240.

クーパーライダー，D. L. . & ウィットニー，D.（2005）『AI「最高の瞬間」を引きだす組織開発—未来志向の“問いかけ”が会社を救う』（デビッド・クーパー

ライダー & ダイアナ・ウィットニー著 本間正人・市瀬博基・松瀬理保訳）PHP エディターズグループ 2006 年
クリスタキス，N., & ファウラー，J.（2009）『つながり 社会的ネットワークの驚くべき力』（ニコラス・クリスタキス．& ジェイムズ・ファウラー著 鬼澤忍訳）講談社 2010 年
クリフトン，D. O. & アンダーソン，E. C.（2001-02）『StrengthsQuest（ストレングスクエスト）』
クロウ，A. & フレッドホイ，C.（2006）『Normalisation of salivary cortisol levels and self-report stress by a brief lunchtime visit to an art gallery by London City workers（ロンドン市で働く人で検証した，ランチタイムに画廊を訪れた場合の唾液コルチゾールの正常化とストレスの感じ方）」『ジャーナル・オブ・ホリスティック・ヘルスケア』3（2）. pp. 29-32.
クンツマン，U.（2004）「Approaches to a good life：The emotional-motivational side to wisdom（よい人生へのアプローチ：知恵の感情的動機付けとなる側面）」リンレイ，P. A. & ジョセフ，S. 編『ポジティブサイコロジー・イン・プラクティス』pp. 504-517.
ケイシー，B. J., サマービル，L. H., ゴットリーブ，I., アイダック，O., フランクリン，N., アスクレン，M. K. 他（2011）「Behavioral and neural correlates of delay of gratification 40 years later（40 年後の満足遅延における行動と神経の相関）」『米国科学アカデミー紀要』108. pp. 14998-15003.
ゲーブル，S. L., レイス，H. T., アッシャー，E. R. & インペット，E. A.（2004）「What do you do when things go right? The intrapersonal and interpersonal benefits of sharing positive events（物事がうまくいくとき何をするか？ ポジティブな出来事をシェアする際の個人内と個人間のメリット）」『ジャーナル・オブ・パーソナリティ・アンド・ソーシャルサイコロジー』87. pp. 228-245.
ケルトナー，D. & ボナーノ，G. A.（1997）「A study of laughter and dissociation：The distinct correlates of laughter and smiling during bereavement（笑いと解離の研究：死別の際の笑いと笑顔の明らかな相関性）」『ジャーナル・オブ・パーソナリティ・アンド・ソーシャルサイコロジー』73. pp. 687-702.
コーエン，S.，ドイル，W. J., ターナー，R. B., アルパー，C. M. & スコナー，D. P.（2003）「Sociability and susceptibility to the common cold（社交性と風邪に対する感受性）」『サイコロジカル・サイエンス』14. pp. 389-395.

参考文献

ゴットマン，J. & レベンソン，R.W.（2002）「A two-factor model for predicting when a couple will divorce：Exploratory analyses using 14-year longitudinal data（夫婦の離婚を予測する 2 要素モデル：14 年間の時系列を用いた調査分析）」『ファミリー・プロセス』41. pp. 83-96.

ゴットマン，J.（1993）「The roles of conflict engagement, escalation and avoidance in marital interaction：A longitudinal view of five types of couples（結婚生活の相互関係に見られる対立関与，激化，回避の役割：5 タイプの夫婦の長期的見解）」『ジャーナル・オブ・コンサルティング・アンド・クリニカルサイコロジー』61. pp. 6-15.

コブリン，F.E. & ヘンダーショット，G.E.（1977）「Do family ties reduce mortality? Evidence from the United States 1966-1968（家族の絆は死亡率を低下させるか？　1966～1968 年の米国における証拠）」『ジャーナル・オブ・マリッジ・アンド・ザ・ファミリー』39. pp. 737-745.

コワルスキー，R.（2002）「Whining, griping, and complaining：Positivity in the negativity（泣き言，文句，愚痴：ネガティビティの中のポジティビティ）」『ジャーナル・オブ・クリニカルサイコロジー』58. pp. 1023-1035.

コント＝スポンヴィル，A.（2004）『哲学はこんなふうに』（アンドレ・コント＝スポンヴィル著 木田元，コリーヌ・カンタン，小須田健訳）紀伊國屋書店 2002 年

コンプトン，W.C., スミス，M.L., コーニッシュ，K.A. & クォールズ，D.L.（1996）「Factor structure of mental health measures（メンタルヘルス尺度の因子構造）」『ジャーナル・オブ・パーソナリティ・アンド・ソーシャルサイコロジー』71. pp. 406-413.

サリバン，O. & ガーシャニー，J.（2001）「Cross-national changes in time-use：Some sociological（hi）stories re-examined（時間使用における国際比較と変化：社会学的な話と歴史の再検証）」『ブリティッシュ・ジャーナル・オブ・ソシオロジー』52. pp. 331-347.

ザレスキー，Z., サイコン，A. & カーク，A.（2001）「Future time perspective and subjective well-being in adolescent samples（青年期サンプルにおける未来に対する時間的展望と主観的ウェルビーイング）」シュムック，P. & シェルドン，K.M. 編『Life goals and well-being：Towards a positive psychology of human striving（人生の目標とウェルビーイング：人間の努力のポジティブ心理学について）』pp. 58-67.

サロベイ，P. & メイヤー，J.（1990）「Emotional intelligence（心の知能）」『イ

マジネーション，コグニション・アンド・パーソナリティ』9. pp. 185-211.
サロベイ，P., カルーソー，D. & メイヤー，J. D.（2004）「Emotional intelligence in practice（実践での心の知能）」リンレイ，P. A. & ジョセフ，S. 編『ポジティブサイコロジー・イン・プラクティス』pp. 447-463.
サロベイ，P., メイヤー，J. D. & カルーソー, D.（2002）「The positive psychology of emotional intelligence（心の知能のポジティブ心理学）」スナイダー, C. R. & ロペス, S. J. 編『ハンドブック・オブ・ポジティブサイコロジー』pp. 159-171.
シェルドン，K. M. & リュボミアスキー，S.（2004）「Achieving sustainable new happiness：Prospects, practices and prescriptions（持続可能な新しい幸福の達成：見込みと実践と処方）」リンレイ, P. A. & ジョセフ, S. 編『ポジティブサイコロジー・イン・プラクティス』pp. 127-145.
シェルドン，K. M.（1994）「The Self-Concordance Model of healthy goal striving：When personal goals correctly represent the person（健康的に目標を目指す自己調和モデル：個人の目標が個人を正しく示す場合）」シュムック，P. & シェルドン，K. M. 編『Life goals and well-being：Towards a positive psychology of human striving（人生の目標とウェルビーイング：人間の努力のポジティブ心理学について）』
シュナイダー，S.（2001）「In search of realistic optimism：Meaning, knowledge, and warm fuzziness（現実的な楽観主義を求めて：意義，知識，気持ち良さ）」『アメリカン・サイコロジスト』56. pp. 250-263.
シュプライツァー，G. & ソネンシャイン，S.（2003）「Positive deviance and extraordinary organizing（ポジティブな逸脱と驚くべき組織化）」キャメロン，K. S., ダットン，J. E. & クイン，R. E. 編『Positive organizational scholarship：Foundations of a new discipline（ポジティブ組織論：新しい分野の基礎）』pp. 207-224.
シュムック，P. & シェルドン，K. M.（2001）『Life goals and well-being：Towards a positive psychology of human striving（人生の目標とウェルビーイング：人間の努力のポジティブ心理学について）』
シュワルツ, B. & ウォード，A.（2004）「Doing better but feeling worse：The paradox of choice（結果が良くても気分が悪い：選択のパラドックス）」リンレイ，P. A. & ジョセフ，S. 編『ポジティブサイコロジー・イン・プラクティス』pp. 86-104.
シュワルツ, B. & ウォード，A.（2004）『なぜ選ぶたびに後悔するのか―「選択の

自由」の落とし穴』（バリー・シュワルツ著 瑞穂のりこ訳）武田ランダムハウスジャパン 2004 年

シュワルツ，B.（2000）「Self-determination：The tyranny of freedom（自己決定：自由の圧制）」『アメリカン・サイコロジスト』55. pp. 79–88.

シュワルツ，S. H.（1994）「Are there universal aspects in the content and structure of values?（価値観の内容と構造に普遍的な側面はあるか？）」『ジャーナル・オブ・ソーシャル・イシューズ』50. pp. 19–46.

シュワルツ，S. H., サギブ，L. & ベーンケ，K.（2000）「Worries and values（心配事と価値観）」『ジャーナル・オブ・パーソナリティ』68. pp. 309–346.

正田，Y., ミッセル，W. & ピーク，P. K.（1990）「Predicting adolescent cognitive and self-regulatory competencies from preschool delay of gratification：Identifying diagnostic conditions（就学前の満足遅延行動から青年期の認知および自主規制能力を予測する：診断条件の特定）」『ディベロップメンタル・サイコロジー』26. pp. 978–986.

ジョセフ，S. & リンレイ，P. A.（2005）「Positive adjustment to threatening events：An organismic valuing theory of growth through adversity（脅威となる出来事へのポジティブな調整：逆境における成長の有機体的価値付け理論）」『レビュー・オブ・ジェネラルサイコロジー』9. pp. 262–280.

ジョセフ，S. & リンレイ，P. A.（2007）『Positive therapy（ポジティブセラピー）』

ジンバルド，P. G. & ボイド，J. N.（1999）「Putting time in perspective：A valid, reliable individual-differences metric（時間を展望する：信頼性のある有効な，個人の違いを測る基準）」『ジャーナル・オブ・パーソナリティ・アンド・ソーシャルサイコロジー』77. pp. 1271–1288.

ジンバルド，P. G.（2002）「Just think about it：Time to take our time（考えてみる：時間をかけるとき）」『サイコロジー・トゥデイ』35. p. 62.

ズーロー，H., エッティンゲン，G., ピーターソン，C. & セリグマン，M. E. P.（1988）「Pessimistic explanatory style in the historical record：CAVing LBJ, Presidential candidates and East versus West Berlin（歴史上の悲観的説明スタイル：LBJ，大統領候補，東西ベルリンにみる逐語的説明の内容分析）」『アメリカン・サイコロジスト』43. pp. 673–682.

スタンバーグ，R.（1988）『The triangle of love：Intimacy, passion, commitment（愛のトライアングル：親密さ，情熱，コミットメント）』

スナイダー，C. R., ランド，K. L. & シグモン，D. R.（2002）「Hope theory：A member of the positive psychology family（ホープ理論：ポジティブ心理

学ファミリーの仲間)」スナイダー，C. R. & ロペス，S. J. 編『ハンドブック・オブ・ポジティブサイコロジー』pp. 257-266.
セリグマン，M. E. P. & シュルマン，P.（1986）「Explanatory style as a predictor of productivity and quitting among life insurance agents（生命保険外交員の生産性と辞職における予測因子としての説明スタイル)」『ジャーナル・オブ・パーソナリティ・アンド・ソーシャルサイコロジー』50. pp. 832-838.
セリグマン，M. E. P. & チクセントミハイ，M.（2000）「Positive psychology：An introduction（ポジティブ心理学：入門)」『アメリカン・サイコロジスト』55. pp. 5-14.
セリグマン，M. E. P. & ピーターソン，C.（2003）「Positive clinical psychology（ポジティブ臨床心理学)」アスピンウォール，L. G. & シュタウディンガー, U. M. 編『サイコロジー・オブ・ヒューマン・ストレングス』pp. 305-317.
セリグマン，M. E. P.（1991）『オプティミストはなぜ成功するか』（マーティン・セリグマン著 山村宜子訳）講談社 1994 年
セリグマン，M. E. P.（2002）『世界でひとつだけの幸せ―ポジティブ心理学が教えてくれる満ち足りた人生』（マーティン・セリグマン著 小林裕子訳）アスペクト 2004 年
セリグマン，M. E. P.（2011）『ポジティブ心理学の挑戦“幸福”から“持続的幸福”へ』(マーティン・セリグマン著 宇野カオリ監修・訳）ディスカヴァー・トゥエンティワン 2014 年
セリグマン，M. E. P., スティーン，T., パーク，N. & ピーターソン，P.（2005）「Positive psychology progress：Empirical validation of interventions（ポジティブ心理学の進歩：介入の実験検証)」『アメリカン・サイコロジスト』60. pp. 410-421
ソ，E., ディーナー，E. & フジタ，F.（1996）「Events and subjective well-being：Only recent events matter（出来事と主観的ウェルビーイング：最近の出来事のみに起因)」『ジャーナル・オブ・パーソナリティ・アンド・ソーシャルサイコロジー』70. pp. 1091-1102.
ダックワース，A.L., ピーターソン，C., マシューズ，M. D. & ケリー, D. R.（2007）「Grit：Perseverance and passion for long-term goals（グリット：長期的な目標を目指す忍耐力と情熱)」『パーソナリティ・プロセス・アンド・インディビジュアル・ディファレンシス』92. pp. 1087-1101.

参考文献

ダットン，J. E. & ヒーフィー，E. D.（2003）「The power of high-quality connections（質の高いつながり力）」キャメロン，K.S.，ダットン，J. E. & クイン，R. E. 編『Positive organizational scholarship：Foundations of a new discipline（ポジティブ組織論：新しい分野の基礎）』pp. 263-279

ダナー，D., スノードン，D. . & フリーセン，W.（2001）「Positive emotion early in life and longevity：Findings from the nun study（若年期のポジティブ感情と寿命：修道女の研究から得た調査結果）」『ジャーナル・オブ・パーソナリティ・アンド・ソーシャルサイコロジー』80. pp. 804-813.

ダン，E. W., アクニン，L. B. & ノートン，M. I.（2008）「Spending money on others promotes happiness（他人にお金を使うことが幸福を促進する）」『サイエンス』319. pp. 1687-1688.

チクセントミハイ，M.（1992）『フロー体験喜びの現象学』（ミハイ・チクセントミハイ著 今村浩明訳）世界思想社 1996 年

チクセントミハイ, M.（1997）『フロー体験入門―楽しみと創造の心理学』（ミハイ・チクセントミハイ著 大森弘訳）世界思想社 2010 年

チクセントミハイ, M.（2003）『フロー体験とグッドビジネス―仕事と生きがい』（ミハイ・チクセントミハイ著 大森弘訳）世界思想社 2008 年

チャロッキ, J. W., ディリアッコ, G. & デーネケ, E.（2008）「Gods or rituals? Relational faith, spiritual discontent, and religious practices as predictors of hope and optimism（神か儀式か？　希望と楽観主義を予測する，関係する信仰と霊的な不満と宗教的慣習）」『ジャーナル・オブ・ポジティブサイコロジー』3. pp. 120-136.

ティーズデール，J. D., シーガル，Z. V., ウィリアムズ，J. M. G., リッジウェイ，V., ラウ，M. & ソウルズビー, J.（2000）「Reducing risk of recurrence of major depression using mindfulness-based cognitive therapy（マインドフルネスに基づく認知療法による大うつ病再発リスクの削減）」『ジャーナル・オブ・コンサルティング・アンド・クリニカルサイコロジー』68. pp. 615-623.

ディーナー, E. & セリグマン，M. E. P.（2002）「Very happy people（とても幸福な人々）」『サイコロジカル・サイエンス』13. pp. 81-84.

ディーナー, E. & フジタ，F.（1995）「Resources, personal strivings, and subjective well-being：A nomothetic and idiographic approach（資源，個人の努力，そして主観的ウェルビーイング：法則定立的および個性記述的アプローチ）」『ジャーナル・オブ・パーソナリティ・アンド・ソーシャルサ

イコロジー』68. pp. 926-935.
ディーナー, E.（1984）「Subjective well-being（主観的ウェルビーイング）」『サイコロジカル・ブリテン』95. pp. 542-575.
ディーナー, E.（1999）「Subjective well-being：Three decades of progress（主観的ウェルビーイング：30年の進歩）」『サイコロジカル・ブリテン』125. pp. 276-301.
ディーナー, E.（2000）「Subjective well-being：The science of happiness and a proposal for a national index（主観的ウェルビーイング：幸せの科学と国民指標の提案）」『アメリカン・サイコロジスト』55. pp. 56-67.
ディーナー, E.（2001）「The benefits of positive affect and happiness（ポジティブな情動と幸福の恩恵）」ポジティブ心理学サマーインスティテュート2001での発表資料
ディーナー, E.（2003）「What is positive about positive psychology：The Curmudgeon and Pollyanna（ポジティブ心理学におけるポジティブなもの：意地悪な人と楽天家）」『サイコロジカル・インクワイアリー』14. pp. 115-120.
ディーナー, E., エモンズ, R. A., ラーソン, R. J. & グリフィン, S. (1985)「The Satisfaction With Life Scale（人生満足尺度）」『ジャーナル・オブ・パーソナリティ・アセスメント』49. pp. 71-75.
ディーナー, E., サンドビック, E. & パヴォ, W.（1991）「Happiness is the frequency, not the intensity, of positive versus negative affect（幸福は，ポジティブ感情対ネガティブにおいて，強度ではなく頻度である）」シュトラック, F., アーガイル, M. & シュワルツ, N. 編『Subjective well-being：An interdisciplinary perspective（主観的ウェルビーイング：学際的視点）』pp. 119-139
ディーナー, E., ディーナー, M.. & ディーナー, C.（1995）「Factors predicting the subjective well-being of nations（国の主観的ウェルビーイングを予測する因子）」『ジャーナル・オブ・パーソナリティ・アンド・ソーシャルサイコロジー』69. pp. 851-864.
ディーナー, E., ルーカス, E. L. & 大石, S.（2001）「Subjective well-being（主観的ウェルビーイング）」スナイダー, C. R. & ロペス, S. J. 編『ハンドブック・オブ・ポジティブサイコロジー』pp. 63-73.
ティレル, B.（1995）「Time in our lives：Facts and analysis on the 90s（生活の時間：90年代の事実と分析）」『デモス』5. pp. 23-25.

参考文献

テデスキ，R. G. & カルホーン，L. G.（2004）「A clinical approach to posttraumatic growth（心的外傷後成長への臨床的アプローチ）」リンレイ，P. A. & ジョセフ，S. 編『ポジティブサイコロジー・イン・プラクティス』pp. 405-419.

デニッシュ，S. J.（1996）「Going for the goal：A life-skills program for adolescents（ゴールを目指す：思春期のライフスキルプログラム）」アベル，G. W. & グロッタ，T. P. 編『プライマリー・プリベンション・ワークス』pp. 291-312.

テネン，H. & アフレック，G.（2002）「Benefit-finding and benefit-reminding（利益発見と利益想記）」スナイダー，C. R. & ロペス，S. J. 編『ハンドブック・オブ・ポジティブサイコロジー』pp. 584-597.

テネン，H. & アフレック，G.（2003）「While accentuating the positive, don't eliminate the negative or Mr. In-Between（ポジティブを強める一方でネガティブと中間的なものを除外してはいけない）」『サイコロジカル・インクワイアリー』14. pp. 163-169.

デレ・ファーベ，A. & マッシミーニ，F.（2004a）「Bringing subjectivity into focus：Optimal experiences, life themes, and person-centred rehabilitation（主観性の解明：最適経験，人生テーマ，そして人を中心にしたリハビリテーション）」リンレイ，P. A. & ジョセフ，S. 編『ポジティブサイコロジー・イン・プラクティス』pp. 581-597.

デレ・ファーベ，A. & マッシミーニ，F.（2004b）「The cross-cultural investigation of optimal experience（最適経験の異文化調査）」『リチェルケ・ディ・プシコロジア』27. pp. 79-102.

ド・シェイザー，S.，ドーラン，Y. & コーマン，H.（2007）『More than miracles：The state of the art of solution-focused brief therapy（奇跡を越える：最先端の解決志向ブリーフセラピー）』

ド・ボトン，A.（2005）『もうひとつの愛を哲学する─ステイタスの不安』（アラン・ド・ボトン著 安引宏訳）集英社 2005 年

ドゥエック，C.（2006）『「やればできる！」の研究─能力を開花させるマインドセットの力』（キャロル・ドゥエック著 今西康子訳）草思社 2008 年

トフラー，A.（1970）『未来の衝撃』（アルビン・トフラー著 徳山二郎訳）中央公論新社 1982 年

ドレイク，L.，ダンカン，E.，サザーランド，F.，アバネシー，C. & ヘンリー，C.（2008）「Time perspective and correlates of wellbeing（時間的展望とウェ

ルビーイングの関連要因)」『タイム・アンド・ソサエティ』17 (1). pp. 47-61.
ニューマン, B. & ニューマン, P. (1991)『Development through life (5th edn.)(人生における発達 第5版)』
ノーレム, J. K. & チャン, E. C. (2002)「The positive psychology of negative thinking (ネガティブ思考のポジティブ心理学)」『ジャーナル・オブ・クリニカルサイコロジー』58. pp. 993-1001.
ノーレン=ホークセマ, S. & デイビス, C. G. (2002)「Positive responses to loss (喪失に対するポジティブ反応)」スナイダー, C.R. & ロペス, S. J. 編『ハンドブック・オブ・ポジティブサイコロジー』pp. 598-607.
ハーカー, L. & ケルトナー, D. (2001)「Expressions of positive emotion in women's college yearbook pictures and their relationship to personality and life outcomes across adulthood (女子大学卒業アルバムでのポジティブ感情表現と性格との関係と成人期の結果)」『ジャーナル・オブ・パーソナリティ・アンド・ソーシャルサイコロジー』80. pp. 112-124.
バーシャイト, E. (2003)「The human's greatest strength：Other humans (人間最大の強み：他の人間)」アスピンウォール, L. G. & シュタウディンガー, U. M. 編『サイコロジー・オブ・ヒューマン・ストレングス』pp. 37-48.
ハーター, J. K. & シュミット, F. L. (2002)『Employee engagement, satisfaction and business-unit level outcomes：Meta-analysis (従業員エンゲージメント, 満足度, ビジネスユニットレベルの結果：メタ分析)』
ハーテンスタイン, M. J., ヘンゼル, C., ブッツ, A. M. & ヒル, S. (2009)「Smile intensity in photographs predicts divorce later in life (写真でのスマイル度が後年の離婚を予測する)」『モチベーション・アンド・エモーション』33. pp. 99-105.
ハーベイ, J. H., パウエルズ, B. G. & ジクムント, S. (2004)「Relationship connection (関係性のつながり)」スナイダー, C. R. & ロペス, S. J. 編『ハンドブック・オブ・ポジティブサイコロジー』pp. 423-433.
パーマー, S. & ホワイブロウ, A. (2005)「The proposal to establish a special group in coaching psychology (コーチング心理学に特別グループを設ける提案)」『ザ・コーチング・サイコロジスト』1. pp. 5-12.
ハイベルズ, C., ピーパー, C. & ブレーザー, D. (2002)「Sex differences in the relationship between subthreshold depression and mortality in a community sample of older adults (高齢者コミュニティーサンプルでの閾値下の抑うつと死亡率の関係における性差)」『アメリカン・ジャーナル・オ

ブ・ジェリアトリック・サイキアトリー』10. pp. 283-291.
バイヤン，G.（2000）「Adaptive mental mechanisms：Their role in positive psychology（適応メンタルメカニズム：ポジティブ心理学におけるその役割）」『アメリカン・サイコロジスト』55. pp. 89-98.
バイヤン，G. R.（2004）「Positive aging（ポジティブ・エイジング）」リンレイ，P. A. & ジョセフ，S. 編『ポジティブサイコロジー・イン・プラクティス』pp. 561-578.
バウマイスター，R. F. & ヴォース，K. D.（2002）「The pursuit of meaningfulness in life（人生の意味の追求）」スナイダー，C. R. & ロペス，S. J. 編『ハンドブック・オブ・ポジティブサイコロジー』pp. 608-618.
バッキロバ，T. & コックス，E.（2004）「A bridge over troubled water：Bringing together coaching and counselling（荒波に架かる橋：コーチングとカウンセリングの結合）」『インターナショナル・ジャーナル・オブ・メンタリング・アンド・コーチング』2（1）.
ハットフィールド，E.（1988）「Passionate and compassionate love（情熱的な愛と同情的な愛）」スタンバーグ，R. J. & バーンズ，M. L. 編『サイコロジー・オブ・ラブ』pp. 191-217.
バビャク，M.，ブルーメンソール，J. A.，ハーマン，S.，カトリ，P.，ドライスワミ，M.，ムーア，K.他（2000）「Exercise treatment for major depression：Maintenance of therapeutic benefit at 10 months（大うつ病の運動治療：10カ月後の治療効果の維持）」『サイコソマティック・メディシン』62. pp. 633-638.
バルテス，P. B. & フロイント，A. M.（2003）「Human strengths as the orchestration of wisdom and selective optimization with compensation.（補償を伴う知恵と選択最適化からなる強み）」アスピンウォール，L. G. & シュタウディンガー，U. M. 編『サイコロジー・オブ・ヒューマン・ストレングス』pp. 23-35.
バルテス，P. B.（1987）「Theoretical propositions of life-span developmental psychology：On the dynamics between growth and decline（生涯発達心理学の理論命題：成長と衰退のダイナミクス）」『ディベロップメンタル・サイコロジー』23. pp. 611-626.
バルテス，P. B.，シュタウディンガー，U. M.，メアカー，A. & スミス，J.（1995）「People nominated as wise：A comparative study of wisdom-related knowledge（賢い人々：知恵に関連した知識の比較研究）」『サイコロジー・

アンド・エイジング』10. pp. 155-166.
バンクス，R.（1983）『The tyranny of time（時間の圧制）』
バンデューラ，A.（1997）『Self-efficacy（自己効力感）』
ピーターソン，C. & セリグマン，M. E. P.（2004）『Character strengths and virtues：A handbook and classification（性格の強みと美徳：ハンドブックと分類）』
ピーターソン，C. & パーク，N.（2003）「Positive psychology as the even-handed positive psychologist views it（公正なポジティブ心理学者から見たポジティブ心理学）」『サイコロジカル・インクワイアリー』14. pp. 143-147.
ピーターソン，C., セリグマン，M. E. P. & バイヤン，G. E.（1988）「Pessimistic explanatory style is a risk factor for physical illness：A thirty-five years longitudinal study（身体的疾患の危険因子になる悲観的説明スタイル：35年にわたる長期研究）」『ジャーナル・オブ・パーソナリティ・アンド・ソーシャルサイコロジー』55. pp. 23-27.
ビテルショ，J.（2003）「Flow versus life satisfaction：A projective use of cartoons to illustrate the difference between the evaluation approach and the intrinsic motivation approach to subjective quality of life（フローと生活満足度：主観的な生活の質に対する評価手法と内発的動機付け手法の違いを漫画に投影して説明）」『ジャーナル・オブ・ハピネス・スタディーズ』4. pp. 141-167.
ビテルショ，J.（刊行年記載なし）「Stability and change：Integrating hedonism and eudaimonism into a model of dynamic well-being（安定性と変化：ヘドニズムとユーダイモニズムを統合したダイナミック・ウェルビーイングモデル）」未刊行
ビテルショ，J., ショホルト，Y., ヘトラン，A., トーレセン，I. A. & ロイサンブ，E.（2010）「Was Hercules happy? Some answers from a functional model of human well-being（ヘラクレスは幸福だったか？ 人間のウェルビーイングの機能論的モデルから得る答え）」『ソーシャル・インジケーターズ・リサーチ』95. pp. 1-18.
ファーヴァ，G. & ルイーニ，C.（2009）「Well-being therapy（ウェルビーイング・セラピー）」ロペス，S. 編『The encyclopedia of positive psychology（ポジティブ心理学百科事典）』pp. 1034-1036
ファリーナ，C. J., ハース，A. K. & ポポビッチ，J. M.（1995）『Hope and hopelessness：Critical clinical constructs（希望と絶望：重大な臨床的構

図)』
フータ, V. (近刊)「The difference between eudaimonia and hedonia (ユーダイモニアとヘドニアの違い)」デイビッド, S., ボニウェル, I. & コンリー, A. 編『オックスフォード・ハンドブック・オブ・ハピネス』
フータ, V., パーク, N., ピーターソン, C. & セリグマン, M. E. P. (2003)「Pursuing pleasure versus eudaimonia：Which leads to greater satisfaction? (快楽とユーダイモニアの追求：満足度が高いのはどちらか？)」第2回国際ポジティブ心理サミットでの発表資料
フェンホーベン, R. (1991)「Is happiness relative? (幸福は相対的か？)」『ソーシャル・インジケーターズ・リサーチ』24. pp. 1-34.
フェンホーベン, R. (2000)「The four qualities of life：Ordering concepts and measures of the good life (4つの生活の質：よい生活の概念と尺度の順序付け)」『ジャーナル・オブ・ハピネス・スタディーズ』1. pp. 1-39.
フォード, M. E. & ニコルズ, C. W. (1991)「Using goals assessment to identify motivational patterns and facilitate behavioural regulation and achievement (目標評価からモチベーションパターンを特定し行動の規制と達成を促進する方法)」『アドバンシズ・イン・モチベーション・アンド・アチーブメント』7. pp. 51-84.
ブライアント, F. B. & ヴェロフ, J. (2007)『Savouring：A new model of positive experiences (セイバリング：ポジティブな経験の新しいモデル)』
ブライアント, F. B., スマート, C. M. & キング, S. P. (2005)「Using the past to enhance the presence：Boosting happiness through positive reminiscence (過去を利用した現在の強化法：ポジティブな回想から幸福度を高める)」『ジャーナル・オブ・ハピネス・スタディーズ』6. pp. 227-260.
ブラウン, K. & ライアン, R. (2003)「The benefits of being present：Mindfulness and its role in psychological well-being (今に存在することの恩恵：マインドフルネスと, 心理学的ウェルビーイングにおけるその役割)」『ジャーナル・オブ・パーソナリティ・アンド・ソーシャルサイコロジー』84. pp. 822-848.
ブラウン, K. W. & ライアン, R. M. (2004)「Fostering healthy self-regulation from within and without：A self-determination theory perspective (健康な自己規制を内外から育てる：自己決定理論の展望)」リンレイ, P. A. & ジョセフ, S. 編『ポジティブサイコロジー・イン・プラクティス』pp. 105-124

フランクル，V. E.（1963）『夜と霧』（ヴィクトール・フランクル著 池田香代子訳）みすず書房 1985 年
フリーズ，J., メランド，S. & アーウィン，W.（2006）「Expressions of positive emotion in photographs, personality, and later-life marital and health outcomes（写真でのポジティブ感情表現，性格，および晩年の結婚生活と健康へ転帰)」『ジャーナル・オブ・リサーチ・イン・パーソナリティ』41. pp. 488-497.
フリードマン，H. S., タッカー，J. S., トムリンソン・キージー，C., シュワルツ，J. E, ウィンガード，D. L. & クリキ，M. H.（1993）「Does childhood personality predict longevity?（幼少時代の性格は寿命を予測するか？)」『ジャーナル・オブ・パーソナリティ・アンド・ソーシャルサイコロジー』65. pp. 176-185.
ブリックマン，P., コーツ，D. & ジャノフ=ブルマン，R.（1978）「Lottery winners and accident victims：Is happiness relative?（宝くじの当選者と事故の犠牲者：幸福と関係するのか？)」『ジャーナル・オブ・パーソナリティ・アンド・ソーシャルサイコロジー』36. pp. 917-927.
フリッシュ，M. B.（2006）『Quality of life therapy：Applying a life satisfaction approach to positive psychology and cognitive therapy（生活の質セラピー：生活満足度へのアプローチをポジティブ心理学と認知療法に応用する)』
プリベット，G.（1983）「Peak experience, peak performance, and peak flow：A comparative analysis of positive human experiences（ピークエクスペリエンス，ピークパフォーマンス，ピークフロー：人間のポジティブな経験における比較分析)」『ジャーナル・オブ・パーソナリティ・アンド・ソーシャルサイコロジー』45. pp. 1369-1379.
ブルンワッサー，S. M., ギラム，J. E. & キム，E. S.（2009）「A meta-analytic review of the Penn Resiliency Program's effect on depressive symptoms（ペン・レジリエンス・プログラムがうつ症状に与える影響のメタ分析的レビュー)」『ジャーナル・オブ・コンサルティング・アンド・クリニカルサイコロジー』77. pp. 1042-1054.
フレドリクソン，B. L.（2001）「The role of positive emotions in positive psychology：The broaden-and-build theory of positive emotions（ポジティブ心理学におけるポジティブ感情の役割：ポジティブ感情の拡張・形成理論)」『アメリカン・サイコロジスト』56. pp. 218-226

参考文献

フレドリクソン，B. L.（2002）「Positive emotions（ポジティブ感情）」スナイダー, C. R. & ロペス, S. J. 編『ハンドブック・オブ・ポジティブサイコロジー』pp. 120–134.

フレドリクソン，B. L.（2004）「The broaden-and-build theory of positive emotions（ポジティブ感情の拡張・形成理論）」『フィロソフィカル・トランザクションズ B』359. pp. 1367–1378.

フレドリクソン，B. L.（2009）『ポジティブな人だけがうまくいく 3：1 の法則』（バーバラ・フレドリクソン著 植木理恵監修 高橋由紀子訳）日本実業出版社 2010 年

フロー，J. J., ファイブズ，C. J., フラー，J. R., ジェコフスキー，M. D., タージェセン，M. D. & ユルキェビッチ，C.（2007）「Interpersonal relationships and irrationality as predictors of life satisfaction（生活満足度の予測因子となる対人関係と不合理）」『ジャーナル・オブ・ポジティブサイコロジー』2. pp. 29–39.

フロム，E.（1957/1995）『愛するということ』（エーリッヒ・フロム著 鈴木晶訳）紀伊國屋書店 1991 年

フロム，E.（1976）『生きるということ』（エーリッヒ・フロム著 佐野哲郎訳）紀伊國屋書店 1997 年

ヘイズ，S. C., ストローサル，K. D. & ウィルソン，K. G.（1999）『Acceptance and commitment therapy：An experiential approach to behavior change（アクセプタンス・コミットメント・セラピー：行動変容への経験的アプローチ）』

ベーンケ，K., シュワルツ，S. H., ストロンバーグ，C. & サギブ，L.（1998）「The structure and dynamics of worry：Theory, measurement, and cross-cultural replications（不安の構造とダイナミクス：理論と測定と異文化間の複製）」『ジャーナル・オブ・パーソナリティ』66. pp. 745–782.

ヘフロン，K. & ボニウェル，I.（2011）『Positive psychology：Theory, research and applications（ポジティブ心理学：理論，研究，応用）』

ベルスキー，J. . & プルース，M.（2008）「The nature (and nurture?) of plasticity in early human development（初期の人間発達における可塑性の本質（および育成？））」『パースペクティブ・イン・サイコロジカル・サイエンス』4. pp. 345–351.

ペルティエ，B.（2001）『The psychology of executive coaching（エグゼクティブ・コーチングの心理学）』

ヘルド, B. S. (2004)「The negative side of positive psychology（ポジティブ心理学のネガティブな側面）」『ジャーナル・オブ・ヒューマニスティックサイコロジー』44. pp. 9-46.
ベン・シャハー, T.『HAPPIER─幸福も成功も手にするシークレット・メソッド ハーバード大学人気 No. 1 講義』（タル・ベン・シャハー著 坂本貢一訳）幸福の科学出版　2007年
ペントランド, W. E., ハーベイ, A. S., ロートン, M. P. & マッコール, M. A. 編（1999）『Time use research in the social sciences（社会科学における時間使用調査）』
ヘンドリック, S. & ヘンドリック, C.（2002）「Love（愛）」スナイダー, C. R. & ロペス, S. J. 編『ハンドブック・オブ・ポジティブサイコロジー』pp. 472-484.
ヘンリー, J. (2004)「Positive and creative organisations（ポジティブで創造的な組織）」リンレイ, P. A. & ジョセフ, S. 編『ポジティブサイコロジー・イン・プラクティス』pp. 269-287.
ホッジズ, T. D. & クリフトン, D. O.（2004）「Strength-based development in practice（強みベースの発達の実践）」リンレイ, P. A. & ジョセフ, S. 編『ポジティブサイコロジー・イン・プラクティス』pp. 256-268.
ボニウェル, I. & オーシン, E.（近刊）『Development and validation of a eudaimonic well-being scale（ユーダイモニックウェルビーイング尺度の開発と検証）』
ボニウェル, I. & ジンバルド, P. G.（2003）「Time to find the right balance（適切なバランスを見つける時間）」『ザ・サイコロジスト』16. pp. 129-131.
ボニウェル, I. & ジンバルド, P. G.（2004）「Balancing time perspective in pursuit of optimal functioning（最適機能の追求における時間的展望のバランス）」リンレイ, P. A. & ジョセフ, S. 編『ポジティブサイコロジー・イン・プラクティス』pp. 165-178.
ボニウェル, I. & ライアン, L.（2012）『Personal well-being lessons for secondary schools：Positive psychology in action for 11 to 14 year olds（中等学校における個人のウェルビーイングの授業：11～14歳に活用するポジティブ心理学）』
ボニウェル, I.（2009）『Time for life：Satisfaction with time use and its relationship with subjective well-being（人生の時間：時間消費の満足度と主観的幸福の関係）』

参考文献

ボニウェル，I., オーシン，E., リンレイ，P. A. & イヴァンチェンコ，G.（2010）「A question of balance：Examining relationships between time perspective and measures of well-being in the British and Russian student samples（バランスの問題：英国とロシアの学生で検証した時間的展望とウェルビーイング尺度の関係）」『ジャーナル・オブ・ポジティブサイコロジー』5. pp. 24-40.

ボニウェル，I., プルース，M., ヘフロン，K. & トゥナリウ，A.（近刊）『Validation of SPARK Resilience Curriculum for Y7 and Y8 students（7年生と8年生における“スパーク”レジリエンス・カリキュラムの検証）』

ポポヴィック，N. & ボニウェル，I.（2007）「Personal consultancy：An integrative approach to one-to-one talking practices（パーソナル・コンサルティング：1対1の対話における統合的アプローチ）」『インターナショナル・ジャーナル・オブ・エビデンスベースト・コーチング・アンド・メンタリング』5.（特別号）pp. 24-29.

ポポヴィック，N.（2002）「An outline of a new model of personal education（新しい個人教育モデルの概要）」『パストラルケア』20. pp. 12-20.

ポポヴィック，N.（2005）『Personal synthesis（個人統合）』

マイヤーズ, D. G. (2000)「The funds, friends, and faith of happy people（幸福な人々の資金と友人と信仰）」『アメリカン・サイコロジスト』55. pp. 56-67.

マイヤーズ，D. M.（1992）『The pursuit of happiness（幸福の追求）』

マカン，T. H. (1994)「Time management：Test of a process model（タイムマネジメント：プロセスモデルのテスト）」『ジャーナル・オブ・アプライド・サイコロジー』79. pp. 381-391.

マカン，T. H.（1996）「Time-management training：Effects on time behaviours, attitudes, and job performance（タイムマネジメント・トレーニング：時間行動，態度，仕事のパフォーマンスに与える影響）」『ジャーナル・オブ・サイコロジー』130. pp. 229-237.

マカン，T. H., シャハニ，C., ディップボイ，R. L. & フィリップス，A. P.（1990）「College students'time management：Correlations with academic performance and stress（大学生の時間管理：学業成績とストレスの相関関係）」『ジャーナル・オブ・エデュケーショナルサイコロジー』82. pp. 760-768.

マクグラス，H. & ノーブル，T.（2003）『Bounce back! Teacher's Handbook

(バウンス・バック！ティーチャーズ・ハンドブック)』
マクレガー，I. & リトル，B. R.（1998）「Personal projects, happiness, and meaning：On doing well and being yourself（個人的プロジェクト，幸福，意義：うまく行うことと自分らしくいること）」『ジャーナル・オブ・パーソナリティ・アンド・ソーシャルサイコロジー』74. pp. 494-512.
マズロー，A.,（1968）『完全なる人間―魂のめざすもの』（アブラハム・マズロー著 上田吉一訳）誠信書房 1998 年
メイヤー，J., ディパオラ，M. & サロベイ，P.（1990）「Perceiving affective content in ambiguous visual stimuli：A component of emotional intelligence（曖昧な視覚刺激における感情内容を理解する：心の知能の構成要素）」『ジャーナル・オブ・パーソナリティ・アセスメント』54. pp. 772-781.
モリス，I.（2009）『Teaching happiness and well-being in schools：Learning to ride elephants（学校で教えるハピネスとウェルビーイング：ゾウの乗り方を学ぶ）』
ヤホダ，M.（1958）『Current concepts of positive mental health（ポジティブメンタルヘルスに関する現在の概念）』
ヤング・エイゼンドラス，P.（2003）「Response to Lazarus（ラザルスへの答え）」『サイコロジカル・インクワイアリー』14. pp. 170-173.
ユング，C. G.（1933）『Modern man in search of a soul（魂を探求する近代人）』
ライアン，R. M. & デシ，E. L.（2000）「Self-determination theory and the facilitation of intrinsic motivation, social development and well-being（自己決定理論と内発的動機付け，社会性の発達とウェルビーイング）」『アメリカン・サイコロジスト』55. pp. 68-78.
ライアン，R. M. & デシ，E. L.（2001）「On happiness and human potentials：A review of research on hedonic and eudaimonic well-being（幸福と人間の潜在能力について：ヘドニックとユーダイモニックなウェルビーイング研究の見直し）」『アニュアルレビュー・オブ・サイコロジー』52. pp. 141-166.
ラザルス，R. S.（2003a）「Does the positive psychology movement have legs?（ポジティブ心理学運動は持続するか？）」『サイコロジカル・インクワイアリー』14. pp. 93-109.
ラザルス，R. S.（2003b）「The Lazarus manifesto for positive psychology and psychology in general（ポジティブ心理学と一般心理学のためのラザ

ルスのマニフェスト)」『サイコロジカル・インクワイアリー』14. pp. 173-189.
ラス，T. & ハーター, J. (2010)『幸福の習慣』(トム・ラス&ジム・ハーター著 森川里美訳) ディスカヴァー・トゥエンティワン 2011 年
ランバート，M. & バーリー，D. (2002)「Research summary on the therapeutic relationship and psychotherapy outcome（治療関係と心理療法成果の研究概要)」ノークロス, J. 編『サイコセラピー・リレーションシップス・ザット・ワーク』
リフ，C. D. & キーズ，C. L. M. (1995)「The structure of psychological well-being revisited（心理的ウェルビーイング構造の再訪)」『ジャーナル・オブ・パーソナリティ・アンド・ソーシャルサイコロジー』69. pp. 719-727.
リフ，C. D. & シンガー，B. (1998)「The contours of positive human health（ポジティブな人間の健康の輪郭)」『サイコロジカル・インクワイアリー』9. pp. 1-28.
リフ，C. D., シンガー，B. H. & ラブ，G. D. (2004)「Positive health：Connecting well-being with biology（ポジティブ・ヘルス：ウェルビーイングと生物学のつながり)」『フィロソフィカル・トランザクションズ B』359. pp. 1383-1394.
リュボミアスキー，S. (2001)「Why are some people happier than others? The role of cognitive and motivational processes in well-being（他人より幸せな人がいるのはなぜか？：ウェルビーイングにおける認識と動機付けの役割)」『アメリカン・サイコロジスト』56. pp. 239-249.
リュボミアスキー, S. (2008)『幸せがずっと続く 12 の行動習慣』(ソニア・リュボミアスキー著 渡辺誠監修　金井真弓訳) 日本実業出版社　2012 年
リンレイ，A. (2011)「The Realise 2 4M model（リアライズ 2 4M モデル)」http://www.cappeu.com/Realise2/TheRealise24MModel.aspx
リンレイ，A., ウィラーズ，J. & ビスワス＝ディーナー, R. (2010)『The strengths book（ザ・ストレングス・ブック)』
リンレイ，P. A. & ジョセフ，S. (2004a)「Positive changes following trauma and adversity：A review（トラウマと逆境の後に続くポジティブな変化)」『ジャーナル・オブ・トラウマティック・ストレス・スタディーズ』17. pp. 11-21.
リンレイ，P. A. & ジョセフ，S. (2004b)「Towards a theoretical foundation for positive psychology in practice（ポジティブ心理学の実践における理論的基礎について)」リンレイ，P. A. & ジョセフ，S. 編『ポジティブサイコ

ロジー・イン・プラクティス』pp. 713-731.
リンレイ，P. A. & ハリントン，S.（2005）「Positive psychology and coaching psychology：perspectives on integration（ポジティブ心理学とコーチング心理学：統合における見解）」『ザ・コーチング・サイコロジスト』1（1）. pp. 13-14.
リンレイ，P. A. & ハリントン，S.（2006）「Playing to your strengths（強みを活かす）」『ザ・サイコロジスト』19. pp. 86-89.
ルピアン，S. J. & ワン，N.（2004）「Successful ageing：From cell to cell（サクセスフル・エイジング：細胞から細胞へ）」『フィロソフィカル・トランザクションズ B』359. pp. 1413-1426.
レイビック，K. J., ギラム，J. E., チャップリン，T. M. & セリグマン，M. E. P.（2005）「From helplessness to optimism：The role of resilience in treating and preventing depression in youth（無力感から楽観へ：若年者のうつの治療と予防におけるレジリエンスの役割）」ゴールドスタイン，S. & ブルックス，R. B. 編『ハンドブック・オブ・レジリエンス・イン・チルドレン』pp. 223-237
レイン，R. E.（1995）「Time preferences：The economics of work and leisure（時間選好：仕事と余暇の経済学）」『デモス』5. pp. 35-44.
レズニツカヤ，A. & スタンバーグ，R. J.（2004）「Teaching students to make wise judgements：The 'Teaching for Wisdom' programme（生徒に賢い判断を教える：ウィズダム・プログラム）」リンレイ，P. A. & ジョセフ，S. 編『ポジティブサイコロジー・イン・プラクティス』pp. 181-196.
ロジャーズ，C. R.（1961）『On becoming a person：A therapist's view of psychotherapy（人になること：セラピストから見た心理療法）』
ロック，E. A.（2002）「Setting goals for life and happiness（人生と幸福のための目標設定）」スナイダー，C. R. & ロペス，S. J. 編『ハンドブック・オブ・ポジティブサイコロジー』pp. 299-313.
ロビンズ，A. S., スペンス，J. T. & クラーク，H.（1991）「Psychological determinants of health and performance：The tangled web of desirable and undesirable characteristics（健康とパフォーマンスの心理的決定要因：望ましい特性と望ましくない特性のもつれ）」『ジャーナル・オブ・パーソナリティ・アンド・ソーシャルサイコロジー』61. pp. 755-765.
ロビンソン，J. P. & ゴッドビー，G.（1997）『Time for life：The surprising ways Americans use their time（人生の時間：アメリカ人の驚くべき時間の

使い方)』
ロペス, S. J., スナイダー, C. R., マジャール＝モー, J. L., エドワーズ, L. M., ペドロッティ, J. T., ヤノフスキ, K. 他 (2004)「Strategies for accentuating hope (希望を強める戦略)」リンレイ, P. A. & ジョセフ, S. 編『ポジティブサイコロジー・イン・プラクティス』pp. 388-403.
ワースレイ, R. & ジョセフ, S. (2005)「Shared roots (共通ルーツ)」『カウンセリング・アンド・サイコセラピー・ジャーナル』16 (5). pp. 24-26.

インターネットリソース

http://www.positivepsychology.org
ポジティブ心理学の主要なウェブサイト。最新の活動についてのあらましを掲載するほか、VIA強み指標に関する迅速なフィードバックを提供している。

http://www.ippanetwork.org/
国際ポジティブ心理学会（IPPA）のウェブサイト。同会はポジティブ心理学の研究と実践を発展させ、世界中の研究者や実践者同士のコミュニケーションとコラボレーションを促進させることを使命としている。

http://enpp.eu
ポジティブ心理学欧州ネットワークのウェブサイト。欧州におけるポジティブ心理学の活動に関する情報を提供している。

http://www.positivepsychology.org.uk
英国で最も信頼できるポジティブ心理学のウェブサイト。記事やアンケートのほか、教育の機会に関する情報や最新イベントの更新情報を提供している。

http://www1.eur.nl/fsw/happiness/index.html
第一線に立つ研究者の1人が開設するウェブサイト。主観的な人生の認識に関する科学的調査について、継続したデータを提供している。

http://www.authentichappiness.org
オーセンティック・ハピネスのウェブサイト。ポジティブ心理学のあらゆるテストとアンケートが利用できる。完全に無料だが、登録が必要になる。

インターネットリソース

http://www.actionforhappiness.org/
英国の社会をポジティブに変えようとする運動であるアクション・フォー・ハピネスのウェブサイト。

http://positivepsychologynews.com/
ポジティブ心理学ニュース・デイリーのウェブサイト。ポジティブ心理学に関するメールを毎日配信している。

http://www.strengthsquest.com
仕事に関連した強みを知ることができるギャラップ社のウェブサイト。ウェブ上のアンケートは無料ではないが、価格は手頃である。

http://psych.rochester.edu/SDT/index.html
この自己決定理論に関するウェブサイトは、同分野の研究について詳しく知りたい人にとってよいリソースである。

http://www.centreforconfidence.co.uk/
ポジティブ心理学の学びを広めている、グラスゴーを拠点とするセンター。リソースの一覧が充実していて、ポジティブ心理学に関する数々のトピックが概観できる。

http://www.bus.umich.edu/Positive/
ポジティブ組織学センターのウェブサイト。ポジティブ心理学を組織に応用したいと考えている人に多くのリソースを提供している。

http://www.cambridgewellbeing.org/
ウェルビーイング・インスティテュートは学際的な取り組みをしており、ウェルビーイングの科学の分野で質の高い研究を促進させ、その研究を一流のエビデンスに基づく実践に統合することをめざしている。

http://www.cappeu.com
応用ポジティブ心理学センターは強みの研究を応用することに焦点を当てた民間コンサルタント会社で、リアライズ２のアンケートを保有して

いる。

http://www.neweconomics.org/gen/hottopic_well-being.aspx
新経済財団のウェルビーイングプログラムは、人々がより満たされた人生を送るための政策推進を目的としている。

http://www.positran.co.uk
ポジティブ・トランスフォーメーション心理学（ポジトラン）は、著者イローナ・ボニウェルが開設するウェブサイト。本人のコンサルタント活動や講演について掲載している。

日本のポジティブ心理学関連団体
（設立年代順）

◇一般社団法人ポジティブイノベーションセンター
http://positiveinnovation.org/
ポジティブ心理学勉強会（PPAL）を2カ月に1回実施。
本文で紹介されているリアライズ2（強み発見活用ツール）の普及に貢献。リアライズ2プラクティショナー養成コースも実施。

◇一般社団法人日本ポジティブ心理学協会
http://www.ippanetwork.jp/
国際ポジティブ心理学会日本支部。ポジティブ心理学の正しい知識と最新情報に基づく教育と普及活動を全国で展開。ポジティブ心理学プラクティショナー養成・認定講座等を実施。

◇ポジティブサイコロジースクール
http://www.positivepsych.jp/
ポジティブ心理学の社会人向けスクール。
ポジティブ心理学1日入門講座、レジリエンス講師認定コース、ポジティブ心理学コーチ認定講座などがある。

◇日本ポジティブサイコロジー医学会
http://jphp.jp/
ポジティブ心理学を医療面に応用。
日本ポジティブサイコロジー医学学術集会を毎年実施。

◇一般社団法人日本ポジティブ教育協会
http://www.j-pea.org/
著者イローナ・ボニウェルが顧問を務める。日本におけるポジティブ教育、レジリエンス教育普及のため、研究・実践を行う。ポジティブ教育インストラクター、レジリエンストレーナーの養成講座を実施。

ポジティブ心理学が1冊でわかる本

2015年 3月12日　初版第1刷発行
2021年12月22日　初版第3刷発行

著者　イローナ・ボニウェル

監訳者　成瀬まゆみ

訳者　永島沙友里
松田由美
佐布利江
神前珠生

発行者　佐藤今朝夫

発行　株式会社国書刊行会
東京都板橋区志村1-13-15
電話 03(5970)7421　FAX 03(5970)7427
https://www.kokusho.co.jp

装幀　長井究衡

印刷　三報社印刷株式会社

製本　株式会社村上製本所

ISBN978-4-336-05880-5